# Musik sagt mehr als tausend Worte
## Musikalisches im Spiegel der Literatur

# *Musik sagt mehr als tausend Worte*

## Musikalisches im Spiegel der Literatur

Herausgegeben und zusammengestellt
von Meinrad Walter

Benziger Verlag

*Umschlaggestaltung:*
GrafikDesign Reckels & Schneider-Reckels, Wiesbaden
unter Verwendung des Bildes »Hommage à Tschaïkowsky«
von Corneille


Die Deutsche Bibliothek – CIP-Einheitsaufnahme

Musik sagt mehr als tausend Worte :
Musikalisches im Spiegel der Literatur /
hrsg. u. zusammengestellt von Meinrad Walter. –
Düsseldorf und Zürich: Benziger, 2000
ISBN 3-545-20185-6



*Druck und Einband:* Clausen & Bosse, Leck
ISBN 3-545-20185-6

# *Inhalt*



## *Und überhaupt die Musik!*

Gedanken, Szenen, Lobeshymnen

## *Oh, wie es engte und drängte, denn es wollte aus ihm*

Von Komponisten und ihren Werken

## *Silberne Flöten, samtene Geigen …*
Die Klangwelt der Instrumente

## *Von Hust-Arien und Alpenkräuter-Triolen*

Dunkles und Skurriles aus dem Reich der Tonkunst

## *Mit den Engeln um die Wette*

Musik berührt die tiefsten Gefühle

# *Vorwort*

> *Denn was wär Musik,*
> *wenn sie nicht ging*
> *weit hinüber über jedes Ding*
> RAINER MARIA RILKE

Musik und Literatur inspirieren sich gegenseitig. Wenn Literatur zur Musik kommt, indem Worte vertont werden, so entstehen Lieder und Chorwerke aller Art, aber auch programmatische Tongemälde bis hin zu symphonischen Dichtungen. Kommt hingegen die Musik zur Literatur, dann scheint sie die Dichter auf vielfältige Weise zu inspirieren. Gedichte sind dem Geheimnis der Klänge auf der Spur. Musikerbiographien werden zum Sujet von Romanen, Meisterwerke der Tonkunst zum Gegenstand von Erzählungen. Die Charaktere der Instrumente finden wir ebenso in dichterischer Darstellung wie die grundlegenden Polaritäten der Musik, sei es die Spannung von Kunst und Kult, das Verhältnis von Vokal- und Instrumentalmusik, der prekäre Grat zwischen dem Gelingen und Mißlingen ihres Spiels – oder letztlich das geheimnisvolle Ineinander von Zeit und Ewigkeit.

Die Phänomene von Komposition und Improvisation, von Spiel und Klang werden zur Sprache gebracht, und schließlich wird Musik in dichterischen Worten Gegenwart: die komponierte, an die der Leser sich erinnern kann, ebenso wie die noch nie erklungene, die das dichterische Wort im Leser zum Klingen bringen will. Nicht zuletzt aber ist es die Wirkung von Musik, die zu literarischer

Gestaltung geradezu herausfordert: wie sie den Ohren schmeichelt und die Seele erhebt, aber auch, wie sie ihre Hörer überwältigt und in ihr Reich entführt.

Die in diesem Band versammelten Texte wollen die Musik nicht nur in den höchsten Tönen rühmen, sie wollen auch zum Nachdenken über Musik anregen. Ihre Vielzahl mag Spuren legen, sich der unerschöpflichen Vielfalt der Musik zu nähern. Kein Wort begreift sie ganz, aber alle umkreisen und variieren sie als ihr unerschöpfliches Thema. Möge die Musik weiter bedacht und besprochen werden – und zwischen all diesen Worten und Zeilen ihre Unsagbarkeit behaupten.

*Meinrad Walter*

# *Und überhaupt die Musik!*

Szenen, Gedanken, Lobeshymnen

FRANZ VON SCHOBER

# *An die Musik*

Du holde Kunst, in wieviel grauen Stunden,
Wo mich des Lebens wilder Kreis umstrickt,
Hast du mein Herz zu warmer Lieb entbunden,
Hast mich in eine beßre Welt entrückt.

Oft hat ein Seufzer, deiner Harf entflossen,
Ein süßer, heiliger Akkord von dir,
Den Himmel beßrer Zeiten mir erschlossen,
Du holde Kunst, ich danke dir dafür!

HERMANN HESSE

# *Im Konzert*

Wieder sitze ich auf meinem bescheidenen Eckplatz im Konzertsaal, der mir lieb ist, weil ich niemand hinter mir sitzen habe, und wieder rauscht der leise Lärm und glitzert das reiche Licht des vollen Saales mild und fröhlich auf mich ein, indes ich warte, im Programm lese und die süße Spannung fühle, die nun bald der klopfende Taktstock des Dirigenten aufs höchste treiben und die gleich darauf der erste schwellende Orchesterklang entladen und erlösen wird. Ich weiß nicht, wird er hoch und aufreizend schwirren wie hochsommerlicher Insektentanz in der Julinacht, wird er mit Hörnern einsetzen, hell und freudig, wird er dumpf und schwül in gedämpften Bässen atmen? Ich kenne die Musik nicht, die mich heute erwartet, und ich bin voll Ahnung und suchendem Vorgefühl, voll von Wünschen, wie es sein möge, und voll Vorgenuß und Zuversicht, es werde sehr schön sein.

Vorn im großen weißen Saal haben sich die Schlachtreihen geordnet, hoch stehen die Kontrabässe aufgerichtet und schwanken leise mit Giraffenhälsen, gehorsam beugen sich die nachdenklichen Cellisten über ihre Saiten, das Stimmen ist schon fast vorüber, ein letzter probender Laut aus einer Klarinette triumphiert aufreizend herüber.

Jetzt ist der köstliche Augenblick, jetzt steht der Dirigent lang und schwarz gereckt, die Lichter im Saale sind plötzlich ehrfürchtig erloschen, auf dem Pult leuchtet geisterhaft, von unsichtbarer Lampe heftig bestrahlt, die weiße Partitur. Unser Dirigent, den wir alle dankbar lieben, hat mit dem Stäbchen gepocht, er hat beide Arme ausgebreitet und steht steil gespannt in drängender Bereitschaft. Und jetzt wirft er den Kopf zurück, man ahnt selbst von hinten das feldherrnhafte Blitzen seiner Augen, er regt die Hände wie Flügelspitzen, und alsbald ist der Saal und die Welt und mein Herz von kurzen, raschen, schaumigen Geigenwellen überflutet. Hin ist Volk und Saal, Dirigent und Orchester, hin und versunken ist die ganze Welt, um vor meinen Sinnen in neuen Formen wiedergeschaffen zu werden. Weh dem Musikanten, der es jetzt unternähme, uns Erwartungsvollen eine kleine, schäbige Welt aufzubauen, eine unglaubhafte, erklügelte, verlogene!

Aber nein, ein Meister ist am Werk. Aus der Leere und Versunkenheit des Chaos wirft er eine Woge empor, breit und gewaltig, und über der Woge bleibt eine Klippe stehen, ein öder Inselsitz, eine bange Zuflucht überm Abgrund der Welten, und auf der Klippe steht ein Mensch, steht der Mensch, einsam im Grenzenlosen, und in die gleichmütige Wildnis tönt sein schlagendes Herz mit beseelender Klage. In ihm atmet der Sinn der Welt, ihn erwartet das gestaltlose Unendliche, seine einsame Stimme fragt in die leere Weite, und seine Frage ist es, die Gestalt, Ordnung, Schönheit in die Wüste zaubert. Hier steht ein Mensch, ein Meister zwar, aber er steht erschüttert und zweifelnd überm Abgrund, und in seiner Stimme liegt Grauen.

Aber siehe, die Welt tönt ihm entgegen. Melodie strömt in das Unerschaffene, Form durchdringt das Chaos, Gefühl hallt in dem unendlichen Raume wider. Es geschieht das Wunder der Kunst, die Wiederholung der Schöpfung. Stimmen antworten der einsamen Frage, Blicke strahlen dem suchenden Auge entgegen, Herzschlag und Möglichkeit der Liebe dämmert aus der Öde empor, und im Morgenrot seines jungen Bewußtseins nimmt der erste Mensch von der willigen Erde Besitz. Stolz blüht in ihm auf und tiefe freudige Rührung, seine Stimme wächst und herrscht, sie verkündet die Botschaft der Liebe.

INGEBORG BACHMANN

## *Dunkles zu sagen*

Wie Orpheus spiel ich
auf den Saiten des Lebens den Tod
und in die Schönheit der Erde
und deiner Augen, die den Himmel verwalten,
weiß ich nur Dunkles zu sagen.

Vergiß nicht, daß auch du, plötzlich,
an jenem Morgen, als dein Lager
noch naß war von Tau und die Nelke
an deinem Herzen schlief,
den dunklen Fluß sahst,
der an dir vorbeizog.

Die Saite des Schweigens
gespannt auf die Welle von Blut,
griff ich dein tönendes Herz.
Verwandelt ward deine Locke
ins Schattenhaar der Nacht,
der Finsternis schwarze Flocken
beschneiten dein Antlitz.

Und ich gehör dir nicht zu.
Beide klagen wir nun.

Aber wie Orpheus weiß ich
auf der Seite des Todes das Leben,
und mir blaut
dein für immer geschlossenes Aug.

MARGRIET DE MOOR

# *Der Virtuose*

Ich lauschte. Das Orchester im Graben, das aus zwei Reihen Streichern, zwei Cembalisten und einem kleinen Bläserensemble bestand, begleitete eine Arie des zweiten oder dritten Sopranisten, eines gar nicht mal so üblen Sängers in der Rolle der verzweifelten Prinzessin. Augen und Ohren und die unvermittelte Handbewegung eines der beiden Cembalisten waren freilich nicht auf ihn gerichtet, sondern, Allmächtiger, auf den ersten Sänger; dort, im Fluchtpunkt von Palmen und Felsen, erschien der *primo uomo,* und zwar wahrhaftig zu Pferd. Einen Augenblick lang waren Pferd und Sänger von mythischer Größe. Dann lief das Tier nach vorn, zwischen Statisten und Balletttänzern hindurch und so dicht am zweiten oder dritten Sopranisten vorbei, daß der Bursche, während er eine allerletzte Serie von Trillern ausstieß, gerade noch mit Müh und Not beiseite springen konnte. Ein Beifallssturm brandete auf. Gasparo, noch im Sattel, verbeugte sich und gebot mit einer Handbewegung Ruhe. Dann stieg er ab, um gelassen lächelnd noch näher an das Publikum heranzutreten, er war ausstaffiert wie ein Fürst.

»Er ist so schön«, hörte ich Angelica Margherita neben mir seufzen. »Irrsinnig schön.«

Ja, das stimmte. Anfangs betrachtete auch ich mit Kennerallüre den Sopran in seinem silbergewirkten Kostüm. Mit schwarzumrandeten Augen sah er sich um, ging am Bühnenrand entlang. Er vertrat den anderen Sängern den Weg. Er grüßte seine Freunde in den Seitenlogen und zog eine spöttische Grimasse in Richtung Kulisse, wo, wie alle wußten, La Stradina für das bevorstehende Liebesduett angetreten war. Dann verlagerte sich meine Aufmerksamkeit. Das Vorspiel war vorbei. Und da war die Stimme.

Es heißt, die Schöpfung sei zu groß für die Menschen, zu groß und zu düster, und deswegen, aus ebendiesem Grund, habe man die Sprache erfunden. Sprache, Worte und ganz am Ende die Musik. Gottes Schöpfung, aufgelöst in einem berauschenden Trank menschlicher Mixtur. Gasparo begann seine Arie hoch. Der weiche, lang gehaltene und immer stärker anschwellende Ton war mindestens ein zweigestrichenes Fis. Ich lauschte, ohne an etwas Besonderes zu denken. Gasparo sang einen Text, den jeder kannte. Alessandro bricht mit seiner Armee nach Indien auf. Dort besiegt er den überaus edlen Poro. Poros verzweifelte Geliebte versucht Alessandro gnädig zu stimmen. Sie führt die schönsten Gespräche mit ihm. Schließlich erhält Poro sein Land, die Freundin und die Freiheit zurück.

Können wir über diese Intrige weinen?

Darüber entscheidet der Sänger. Wir wollen, daß sich die Leidenschaft in den höchsten Tönen ausdrückt, in den höchsten Tönen und äußerst virtuos. Wir wollen eine kunstvoll gestaltete Ekstase. Dann können wir weinen; nicht über die Geschichte, sondern über uns selbst. Dann empfinden wir Freude. Sollen uns die Tugend und die Liebe aus der Höhe zusetzen!

Er war fast am Ende seiner Arie angelangt. Das Orchester schwieg. Der Sänger setzte zu seiner Kadenz an. Ohne erkennbare Anstrengung und ohne auch nur *ein* Stocken seiner Lungen produzierte er – mit diesem indischen Garten hinter sich und einem roten Himmel über sich – eine Dreiklangreihe von ungestümer Kraft und Rasanz, die er dann in eine derart halsbrecherische Folge gehämmerter Triolen übergehen ließ, daß das Publikum vor lauter aufgestauter Liebe es nicht mehr aushielt. Noch bevor die Glanzleistung vollbracht war, setzten die Jubelschreie ein.

»Gasparino, wir lieben dich! Wir lieben deine Kehle und deinen Mund!«

Blumen und handgeschriebene Sonette flogen durch die Luft und fielen auf die Bühne.

Wo war ich? Aus den Augenwinkeln sah ich zur Seite. Ich sah Berto – vor Genuß vereinsamt –, Angelica Margherita – halb besinnungslos in ihrem Sessel – und die schmalen Lippen des Prälaten, die »Teufel noch mal!« murmelten.

Wieder eine Koloratur. Und ein Portamento noch zarter als Luft. Dann hatte der Sänger im Bruchteil einer Sekunde genug Atem geschöpft, um zum letzten, unvermeidlichen Bogen anzusetzen, einem Volltreffer an Glück und Schmerz, den man bis ins Innerste seines Körpers spürte.

Ende. Vorbei die Verzauberung. Jubel. Betreten legten die Orchestermusiker das Ohr wieder an die Violine.

Ich habe sehenden Auges den Kopf verloren.

PETER ALTENBERG

# *Konzert*

Du kamst aus dem Konzert, erfüllt von Liedern und den Liedertexten, die von Dichtern waren wie Stefan George, Richard Dehmel, Jacobsen, dem verstorbenen Dänen, der Musik in Worten machte.

Du warst schön und prächtig, gelb und gold war dein Gewand, und deine geliebten Augen blickten noch in Fernen, aus denen sie eben kamen. Ein Zwerg, ein Wurm, ein gekrümmtes, armseliges Reptil erschien ich dir, ans Irdische dich feig gemahnend, die du aus hehren Fernen kamst, und meiner Liebe allzu gewohnte Seufzer verhallten in den Tönen deiner neuen Musikwelten.

Ich starb dahin vor Eifersucht auf das Konzert und auf alles, was drum herum und dran hängt an Ablenkungen selbstverständlicher Art einer fanatisch geliebten Seele –. Ich starb dahin.

Du aber blicktest, gelb und goldig war dein romantisches Gewand, in Fernen, aus denen du soeben kamst, gleichsam von einer langen, langen, langen Reise –. Wo warst du, Frau?!?

Da senkte ich den Blick, der zuerst böse starrte, und ich ergab mich in das Schicksal – – –.

Du sagtest schlicht: »Es war sehr schön; man hat sehr viel gelernt; man blickte jedenfalls in Welten, die bisher verschlossen waren –.«

Da saß ich denn da und getraute mich nicht mehr, deine geliebten Hände zu berühren wie eh und je –.

Und du sagtest: »Was haben Sie?!?« Und ich sagte: »Nichts – – –.«

FRIEDRICH RÜCKERT

# *Das Leben ein Gesang*

Daß mein Leben ein Gesang,
Sag ich's nur!, geworden;
Jeder Sturm und jeder Drang
Dient ihm zu Akkorden.

Was mir nicht gesungen ist,
Ist mir nicht gelebet;
Was noch nicht bezwungen ist,
Sei noch angestrebet!

Von der Welt, die mich umringt,
Wüßt ich unbezwingbar
Wen'ges nur; die Seele klingt,
Und die Welt ist singbar.

# *Tanzen muß man sie sehen!*

Wir schlangen uns in Menuetts um einander herum; ich forderte ein Frauenzimmer nach dem andern auf, und just die unleidlichsten konnten nicht dazu kommen, einem die Hand zu reichen und ein Ende zu machen. Lotte und ihr Tänzer fingen einen Englischen an, und wie wohl mirs war, als sie auch in der Reihe die Figur mit uns anfing, magst du fühlen. Tanzen muß man sie sehen! Siehst du, sie ist so mit ganzem Herzen und mit ganzer Seele dabei, ihr ganzer Körper *eine* Harmonie, so sorglos, so unbefangen, als wenn das eigentlich alles wäre, als wenn sie sonst nichts dächte, nichts empfände; und in dem Augenblicke gewiß schwindet alles andere vor ihr.

Ich bat sie um den zweiten Contretanz; sie sagte mir den dritten zu, und mit der liebenswürdigsten Freimütigkeit von der Welt versicherte sie mir, daß sie herzlich gern Deutsch tanze. – Es ist hier so Mode, fuhr sie fort, daß jedes Paar, das zusammengehört, beim Deutschen zusammenbleibt, und mein Chapeau walzt schlecht und dankt mirs, wenn ich ihm die Arbeit erlasse. Ihr Frauenzimmer kanns auch nicht und mag nicht, und ich habe im Englischen gesehen, daß Sie gut walzen; wenn Sie nun mein sein wollen fürs Deutsche, so gehen Sie und bitten sichs von meinem Herrn aus, und ich will zu Ihrer Dame gehen. – Ich gab ihr die Hand darauf, und wir machten aus, daß ihr Tänzer inzwischen meine Tänzerin unterhalten sollte. Nun gings an! und wir ergötzten uns eine Weile an mannigfaltigen Schlingungen der Arme. Mit welchem Reize, mit welcher Flüchtigkeit bewegte sie sich! und da wir nun gar ans Walzen kamen und wie die Sphären um einander herumrollten, gings freilich anfangs, weils die wenigsten können, ein bißchen bunt durcheinander. Wir waren klug und ließen sie austoben, und als die Ungeschicktesten den Plan geräumt hatten, fielen wir ein und hielten mit noch einem Paare, mit Audran und seiner Tänzerin, wacker aus. Nie ist mirs so leicht vom Flecke gegangen. Ich war kein Mensch mehr. Das liebenswürdigste Geschöpf in den Armen zu haben und mit ihr herumzufliegen wie Wetter, daß alles ringsumher verging, und – Wilhelm, um ehrlich zu sein, tat ich aber doch den Schwur, daß ein Mädchen, das ich liebte, auf das ich Ansprüche hätte, mir nie mit einem andern walzen sollte als mit mir, und wenn ich drüber zugrunde gehen müßte. Du verstehst mich!

WILHELM HEINRICH WACKENRODER

## *Wie Töne das Herz rühren*

Er schrieb mir einst, wie er ein paar Jahre Kapellmeister gewesen war, folgenden Brief:

»Lieber Pater, es ist ein elendes Leben, das ich führe: – je mehr Ihr mich trösten wollt, desto bitterer fühl' ich es. – (...)

Es sind bedauernswürdige Künstler, die ich um mich herum sehe. Auch die edelsten so kleinlich, daß sie sich für Aufgeblasenheit nicht zu lassen wissen, wenn ihr Werk einmal ein allgemeines Lieblingsstück geworden ist. – Lieber Himmel! Sind wir denn nicht die eine Hälfte unsers Verdienstes der Göttlichkeit der Kunst, der ewigen Harmonie der Natur, und die andre Hälfte dem gütigen Schöpfer, der uns diesen Schatz anzuwenden Fähigkeit gab, schuldig? Alle tausendfältigen lieblichen Melodien, welche die mannigfachsten Regungen in uns hervorbringen, sind sie nicht aus dem einzigen wundervollen Dreyklang entsprossen, den die Natur von Ewigkeit her gegründet hat? Die wehmutsvollen, halb süßen und halb schmerzlichen Empfindungen, die die Musik uns einflößt, wir wissen nicht wie, was sind sie denn anders, als die geheimnisvolle Wirkung des wechselnden Dur und Moll? Und müssen wir's nicht dem Schöpfer danken, wenn er uns nun grade das Geschick gegeben hat, diese Töne, denen von Anfang her eine Sympathie zur menschlichen Seele verliehen ist, so zusammenzusetzen, daß sie das Herz rühren? – Wahrhaftig, die *Kunst* ist es, was man verehren muß, nicht den Künstler; – der ist nichts mehr als ein schwaches Werkzeug.« (…)

Aus diesem fragmentarisch-geschriebenen Briefe ist der Zustand, worin Joseph sich in seiner Lage befand, zum Teil zu erleben. Er fühlte sich verlassen und einsam unter dem Gesumme so vieler unharmonischer Seelen um ihn her; – seine Kunst ward tief entwürdigt dadurch, daß sie auf keinen einzigen, so viel er wußte, einen lebhaften Eindruck machte, da sie ihm doch nur dazu gemacht schien, das menschliche Herz zu rühren. In manchen trüben Stunden verzweifelte er ganz und dachte: »Was ist die Kunst so seltsam und sonderbar! Hat sie denn nur für mich allein so geheimnisvolle Kraft, und ist für alle andre Menschen nur Belustigung der Sinne und angenehmer Zeitvertreib? Was ist sie denn wirklich und in der Tat, wenn sie für alle Menschen nichts ist und für mich allein nur etwas? Ist es nicht die unglückseligste Idee, diese Kunst zu seinem ganzen Zweck und Hauptgeschäft zu machen, und sich von ihren großen Wirkungen auf die menschlichen Gemüter tausend schöne Dinge einzubilden? Von dieser Kunst, die im wirklichen irdischen Leben keine andre Rolle spielt, als Kartenspiel oder jeder andre Zeitvertreib?«

RAINER MARIA RILKE

# *Musik*

Wüßte ich für wen ich spiele, ach!
immer könnt ich rauschen wie der Bach.

Ahnte ich, ob tote Kinder gern
tönen hören meinen innern Stern;

ob die Mädchen, die vergangen sind,
lauschend wehn um mich im Abendwind.

Ob ich einem, welcher zornig war,
leise streife durch das Totenhaar…

Denn was wär Musik, wenn sie nicht ging
weit hinüber über jedes Ding.

Sie, gewiß, die weht, sie weiß es nicht,
wo uns die Verwandlung unterbricht.

Daß uns Freunde hören, ist wohl gut –;
aber sie sind nicht so ausgeruht

wie die Andern, die man nicht mehr sieht:
tiefer fühlen sie ein Lebens-Lied,

weil sie wehen unter dem, was weht,
und vergehen, wenn der Ton vergeht.

LEO TOLSTOI

# *Die Macht der »Kreutzersonate«*

Posdnyschew hielt inne und stieß ein paarmal hintereinander seinen Laut aus, wollte von neuem zu reden beginnen, brachte es jedoch nur zu einem Schnaufen durch die Nase und hielt wieder inne.

»Sie spielten Beethovens Kreutzersonate«, fuhr er dann fort. »Kennen Sie das erste Presto? Kennen Sie es? Oh!« schrie er auf. »Oh,oh! Was für ein furchtbares Ding, diese Sonate, und zwar gerade dieser Teil! Und überhaupt die Musik – was für eine entsetzliche Sache! Was tut sie? Und warum tut sie eben das, was sie tut? Es heißt, die Musik erhebe die Seele – Unsinn, Lüge! Sie wirkt überaus stark, gewiß – ich spreche von mir –, doch von einer seelischen Erhebung ist bei ihrer Wirkung nicht im geringsten die Rede; sie wirkt auf die Seele weder erhebend noch niederdrückend, sondern erregend. Wie soll ich es Ihnen sagen? Die Musik zwingt mich, mich selbst und das, was meine Wirklichkeit ist, zu vergessen, sie versetzt mich in eine andere Wirklichkeit, die nicht die meine ist; ich habe unter dem Einfluß der Musik den Eindruck, daß ich etwas fühle, was ich im Grunde genommen gar nicht fühle, etwas begreife, was ich nicht begreife, etwas vermag, was ich nicht vermag. Ich erkläre das damit, daß die Musik wie das Gähnen oder das Lachen wirkt: ich bin nicht schläfrig, doch ich gähne, wenn ich andere gähnen sehe; ich habe keinen Grund zum Lachen, doch ich lache, wenn ich andere lachen höre. Die Musik versetzt mich plötzlich, unmittelbar, in jenen seelischen Zustand, in dem sich der Urheber der Musik befunden hat. Unsere Seelen verschmelzen, und ich schwebe mit ihm zusammen aus dem einen Zustand in den andern hinüber. Warum ich das tue, weiß ich freilich nicht. Wer beispielsweise die Kreutzersonate geschrieben hat, Beethoven also – der wußte wohl, warum er sich in einen solchen veränderten Seelenzustand versetzte, er löste gewisse Handlungen bei ihm aus, und daher hatte dieser Zustandswechsel für ihn einen Sinn, für mich jedoch hat er keinen Sinn. So wirkt denn diese Musik zwar erregend, ohne aber zu einem Ergebnis zu führen. Ein Militärmarsch – nun ja, nach dem marschieren die Soldaten, damit hat diese Musik ihren Zweck erfüllt; eine Tanzmelodie – ich tanze danach, das Ergebnis ist da; der kirchliche Meßgesang – ich nehme das Abendmahl, auch hier dient die Musik einem Zweck; bei der bloßen Musik aber läuft alles nur auf die Erregung hinaus, und was in dieser Erregung getan werden soll, bleibt ungetan. Daher wirkt die Musik zuweilen so grausig, so entsetzlich. In China ist die Musik eine Staatsangelegenheit. Und das soll sie auch sein. Wie kann man zulassen, daß jeder beliebige Mensch seinen Nächsten – oder auch eine ganze Gesellschaft – hypnotisiert, um dann mit ihnen zu machen, was er will? Wie kann man vor allem zulassen, daß jeder beliebige unsittliche Mensch sich so als Hypnotiseur betätige?

Und dieses schreckliche Mittel befindet sich nun in jedermanns Händen. Nehmen wir beispielsweise eben diese Kreutzersonate, das erste Presto – darf man von Rechts wegen dieses Presto im Salon inmitten dekolletierter Damen spielen, die hinterher Beifall klatschen, Gefrorenes essen und über die letzte Skandalgeschichte plaudern? Solche Stücke sollten nur bei gewissen, bedeutsamen Gelegenheiten gespielt werden, um gewisse, der Musik entsprechende, wichtige Wandlungen auszulösen. Dem Spiel hat die Tat zu folgen, zu der die Musik begeistert hat. Die Erregung einer Gefühlsenergie jedoch, die sozusagen gegenstandslos bleibt und weder der Zeit noch dem Orte entspricht, kann nur verderblich wirken.

Auf mich wenigstens übte dieses Stück eine furchtbare Wirkung aus: Es war mir, als ob sich mir neue Gefühlswelten, neue Möglichkeiten eröffneten, von denen ich bisher keine Ahnung gehabt. ›*So* also soll es sein – keineswegs so, wie ich bisher gedacht und gelebt, sondern *so!*‹ sprach gleichsam eine Stimme in meiner Seele. Was das Neue war, das ich erkannt hatte, davon vermochte ich mir noch keine Rechenschaft zu geben, doch das Bewußtsein dieses neuen Zustandes war von außerordentlich freudiger Art. Alle Menschen ringsum, darunter auch meine Frau und er, erschienen mir in einem völlig neuen Lichte.

Nach diesem Presto spielten sie noch das schöne, aber nicht ungewöhnliche und nicht neue Andante mit den abgeschmackten Variationen und das ganz schwache Finale. Dann spielten sie noch auf Bitten der Gäste eine Elegie von Ernst und verschiedene andere kleine Sachen; alles das war hübsch, doch machte es auf mich nicht den hundertsten Teil des Eindrucks, den die erste Nummer des Programms hervorgebracht hate. Alles das erzielte seinen Erfolg schon gleichsam auf dem Hintergrunde des Eindrucks, den das erste Stück hervorgerufen hatte. Ich war den ganzen Abend leicht und heiter gestimmt. Meine Frau hatte ich noch niemals so gesehen, wie sie an jenem Abend war: diese strahlenden Augen, dieser Ernst, dieser bedeutsame Ausdruck während des Spiels, die völlige Hingabe und das weiche, schmachtende, selige Lächeln am Ende des Spiels. Ich sah das alles, doch schrieb ich diese Wirkung derselben Ursache zu, die auch mich in ihren Bann gezogen hatte, und glaubte, daß auch ihr, wie mir, gleichsam aus der Erinnerung wiedererstehend, sich eine Welt von neuen Gefühlen eröffnet hatte. Der Abend nahm ein gutes Ende, und die Gäste begaben sich nach Hause.

JOSEPH VON EICHENDORFF

# *Wünschelruthe*

Schläft ein Lied in allen Dingen,
Die da träumen fort und fort,
Und die Welt hebt an zu singen,
Triffst du nur das Zauberwort.

*Oh, wie es engte und drängte,*
*denn es wollte aus ihm*

Von Komponisten und ihren Werken

GÜNTER GRASS

# *Heinrich Schütz beim Dichtertreffen zu Telgte*

Die Kerbelsuppe mit der ihr eingekochten Grütze mochte die vorher gereizten Gemüter beschwichtigt haben, oder es hatte der Aufruf an die Fürsten die Dichter zur Ader gelassen; jedenfalls hockten sie matt im Halbkreis, maßvoll trug Gerhardt seine Rede gegen den kursächsischen Kapellmeister vor.

Heinrich Schütz' Vorwurf, es fehle der deutschen Poeterey an Atem, vollgestopft mit Wortmüll sei sie, keine Musik könne sich in ihrem Gedränge mit sanfter oder erregter Geste entfalten: Diese schlechte Zensur, der als Fußnote unterstellt war, es habe wohl der Krieg das Gärtlein der Dichtkunst verdorren lassen, blieb als These haften, denn, von Dach aufgerufen, redete Gerhardt nur allgemein hin. Es habe der Gast einzig seine hohe Kunst im Auge. Bei so kühnem Überblick werde ihm das schlichte Wort entgangen sein. Das wolle zuerst Gott dienen, bevor es sich der Kunst beuge. Weshalb der wahre Glaube nach Liedern verlange, die als Wehr gegen jegliche Anfechtung stünden. Solche Lieder seien dem einfachen Gemüte gewidmet, so daß die Kirchengemeinde sie ohne Mühe singen könne. Und zwar vielstrophig, damit der singende Christ von Strophe zu Strophe seiner Schwäche entkomme, Glaubensstärke gewinne und ihm Trost zuteil werde in schlimmer Zeit. Das zu tun, dem armen Sünder zu ihm gemäßen Gesang zu verhelfen, habe Schütz verschmäht. Selbst der Beckersche Psalter sei, wie er vielenorts hören müsse, den Kirchgemeinden zu vertrackt. Da baue er, Gerhardt, besser auf seinen Freund Johann Crüger, der sich als Kantor aufs strophische Lied verstehe. Dem rage nicht die Kunst vor allem. Dem seien nicht der Fürsten glänzende

Hofkapellen teuer, sondern des gewöhnlichen Mannes Nöte wichtig. Dem wolle es mit anderen, wenn auch nicht weitberühmten Komponisten nie zu gering sein, der täglich bedürftigen Christgemeinde zu dienen und strophigen Liedern Noten zu setzen. Er nenne: des so früh zu Gott gegangenen Fleming »In allen meinen Taten...« oder des ehrbaren Johann Rist »O Ewigkeit, du Donnerwort...« oder unseres freundlichen Simon Dach »O wie selig seid ihr doch, ihr Frommen...« oder des grad noch geschmähten, nun wahrlich wortmächtigen Gryphius »Die Herrlichkeit der Erden muß Rauch und Aschen werden...« oder auch seine, des ganz dem Herrn ergebenen Gerhardt Strophen »Wach auf, mein Herz, und singe...« oder was er jüngst geschrieben »O Welt, sieh hier dein Leben am Stamm des Kreuzes schweben...« oder »Nun danket all und bringet Ehr...« oder was er hierorts, in seiner Kammer geschrieben, weil doch der Friede bald komme und dann von den Kirchgemeinden gelobpreiset sein wolle: »Gott Lob, nun ist erschollen das edle Fried- und Freudenwort, daß nunmehr ruhen sollen die Spieß und Schwerter und ihr Mord...«

Dieses sechsstrophige Lied, in dessen vierter Strophe – »...ihr vormals schönen Felder, mit frischer Saat bestreut, jetzt aber lauter Wälder und dürre, wüste Heid...« – des Vaterlandes Zustand zu einfachen Wörtern gefunden hatte, trug Gerhardt auf sächsische Weise in ganzer Länge vor. Die Versammlung war ihm dankbar. Rist grüßte ergeben. Schon wieder in Tränen: der junge Scheffler. Gryphius stand auf, ging auf Gerhardt zu und umarmte ihn mit großer Gebärde. Danach wollte sich Nachdenklichkeit breitmachen. Schütz saß wie unter eine Glasglocke gestellt. Albert voll innerer Not. Dach schneuzte sich laut, mehrmals.

Da sagte Logau in die abermals ausbrechende Stille: Er wolle nur bemerken, daß das fromme Kirchenlied, wie es von vielen, die anwesend seien, fleißig für den Gemeindegebrauch hergestellt werde, eine Sache sei, die zum literarischen Streit nicht tauge; eine andere Sache jedoch nenne er des Herrn Schütz hohe Kunst, die sich um das alltägliche Strophenlied nicht kümmern könne, weil sie auf vielstufigem Podest dem beliebigen Gebrauch entrückt stehe, doch gleichwohl, wenn zwar über die Gemeinde hinweg, einzig dem Lob Gottes erschalle. Außerdem wolle, was Herr Schütz kritisch zum atemlosen Sprachgebrauch der deutschen Poeten angemerkt habe, gründlich bedacht sein. Er jedenfalls danke für die Lektion.

Weil Czepko und Hoffmannswaldau ihm zustimmten, Rist und abermals Gerhardt anderer Meinung sein wollten, Gryphius sich heftig zu entladen drohte und Bucher nach allzu langem Schweigen mit längerer Rede angereichert war, hätte sogleich wieder ein Disput beginnen können, zumal Dach unschlüssig zu sein schien und sich der neuerlich aufwallenden Redekunst wie ausgeliefert sah; da sprach wider Erwarten (und unaufgerufen) noch einmal Schütz.

Sitzend entschuldigte er sich leise, Anlaß für so viele Mißverständnisse gewesen zu sein. Einzig sein übergroßes Verlangen nach abgeklärten und doch bewegenden Wortvorlagen trage Schuld daran. Deshalb müsse er noch einmal dartun, welcher Art Sprachwerk der Musik dienlich sein könne.

Jetzt stand er auf und begann gelehrt am Beispiel seiner Passionsmusik »Die sieben Worte am Kreuz« seinen musikalischen Umgang mit dem Wort zu erläutern. Welche Dehnung es zulasse, welcher Hebung es fähig sein müsse. Wie sich des Wortes Geste im Gesang zu weiten habe. Wie hochgestimmt sich das tiefe Trauerwort erheben dürfe. Schließlich sang er mit schöngebliebener Altmännerstimme die Maria und den Jünger betreffende Stelle: »Weib, Weib, siehe, siehe, das ist dein Sohn…« – »Johannes,

Johannes, siehe, das ist deine Mutter«. Dann setzte er sich wieder und verkündete sitzend, die Versammlung abermals erschreckend, zuerst in lateinischer – »Ut sol inter planetas...« –, dann in deutscher Fassung des Henrici Sagittarii Devise: Wie die Sonne zwischen den Planeten, strahle die Musik inmitten der freien Künste.

STEFAN ZWEIG

## *Georg Friedrich Händel komponiert den »Messias«*

Ein Brief lag zuoberst, ein Brief von Jennens, dem Dichter, der ihm den Text zu »Saul« und »Israel in Ägypten« geschrieben. Er sende ihm, schrieb er, eine neue Dichtung und hoffe, der hohe Genius der Musik, *phoenix musicae,* werde sich gnädigst seiner armen Worte erbarmen und sie auf seinen Flügeln dahintragen durch den Äther der Unsterblichkeit.

Händel fuhr auf, wie von etwas Widrigem berührt. Wollte dieser Jennens ihn noch höhnen, ihn, den Abgestorbenen, den Erlahmten? Mit einem Riß zerfetzte er den Brief, warf ihn zerknüllt zu Boden und stapfte darauf. »Schuft! Schurke!« brüllte er; in seine tiefste, brennendste Wunde hatte dieser Ungeschickte gestoßen und sie aufgerissen bis zur Galle, bis in die bitterste Bitternis seiner Seele. Zornig blies er dann das Licht aus, tappte verworren in sein Schlafgemach und warf sich hin auf die Lagerstatt: Tränen brachen ihm plötzlich aus den Augen, und der ganze Leib zitterte in der Wut seiner Ohnmacht. Wehe dieser Welt, in welcher der Beraubte noch immer gehöhnt wird und der Leidende gequält! Warum ihn noch anrufen, da ihm das Herz schon erstarrt war und die Kraft genommen, warum ihn noch fordern zu einem Werke, da ihm die Seele lahm geworden und die Sinne ohne Kraft? Nur schlafen jetzt, dumpf wie ein Tier, nur vergessen, nur nicht mehr sein! Schwer lag er auf seinem Lager, der verstörte, verlorene Mann.

Aber er konnte nicht schlafen. Eine Unruhe war in ihm, aufgewühlt vom Zorn wie das Meer vom Sturm, eine böse und geheimnisvolle Unruhe. Er warf sich von der Linken zur Rechten und von der Rechten wieder zur Linken und ward immer wacher und wacher. Ob er nicht doch aufstehen sollte und die Textworte prüfen? Aber nein, was vermöchte noch das Wort über ihn, den Erstorbenen! Nein, es gab keinen Trost mehr für ihn, den Gott in die Tiefe fallen gelassen, den er abgeschieden vom heiligen Strome des Lebens! Und doch, immer pochte noch eine Kraft in ihm, geheimnisvoll neugierig, die ihn drängte, und seine Ohnmacht konnte ihr nicht wehren. Händel stand auf, ging in das Zimmer zurück und schlug nochmals das Licht an mit vor Erregung zitternden Händen.Hatte ihn nicht schon einmal ein Wunder aufgehoben aus der Lähmung des Leibes? Vielleicht wußte Gott auch der Seele Heilkraft und Trost. Händel schob die Leuchte heran an die beschriebenen Blätter. »The Messiah!« stand auf der ersten Seite. Ach, wieder ein Oratorio! Die letzten hatten versagt. Aber unruhig, wie er war, schlug er das Titelblatt um und begann.

Beim ersten Wort fuhr er auf. »Comfort ye«, so begann der geschriebene Text. »Sei getrost!« – wie ein Zauber war es, dieses Wort – nein, nicht Wort: Antwort war es, göttlich gegeben, Engelsruf aus verhangenen Himmeln in sein verzagendes Herz. »Comfort ye« – wie dies klang, wie es aufrüttelte innen die verschüchterte Seele, schaffendes, erschaffendes Wort. Und schon, kaum gelesen, kaum durchfühlt, hörte Händel es als Musik, in Tönen schwebend, rufend, rauschend, singend. O Glück, die Pforten waren aufgetan, er fühlte, er hörte wieder in Musik! (…)

Und plötzlich erschauerte er, denn da stand, von des armen Jennens Hand geschrieben: »The Lord gave the word.«

Der Atem stockte ihm. Hier war Wahrheit gesagt durch einen zufälligen Menschenmund: der Herr hatte ihm das Wort gesandt, von oben war es an ihn ergangen. »The Lord gave the word«: von ihm kam das Wort, von ihm kam der Klang, von ihm die Gnade! Zu ihm zurück muß es gehen, zu ihm aufgehoben werden von der Flut des Herzens, ihm lobzusingen war jedes Schaffenden Lust und Pflicht. Oh, es fassen und halten und heben und schwingen, das Wort, es dehnen und spannen, daß es weit werde wie die Welt, daß es allen Jubel des Daseins umfasse, daß es groß werde wie Gott, der es gegeben, oh, das Wort, das sterbliche und vergängliche, durch Schönheit und unendliche Inbrunst zurückverwandeln in Ewigkeit! Und siehe: da war es ja hingeschrieben, da klang es, das Wort, unendlich wiederholbar, verwandelbar, da war es: »Halleluja! Halleluja! Halleluja!« Ja, alle Stimmen dieser Erde darin zusammenfassen, die hellen und die dunklen, die beharrende des Mannes, die nachgiebige der Frau, sie füllen und steigern und wandeln, sie binden und lösen im rhythmischen Chore, sie aufsteigen lassen und niedersteigen die Jakobsleiter der Töne, sie schwichtigen mit dem süßen Strich der Geigen, sie anfeuern mit dem scharfen Stoß der Fanfaren, sie brausen lassen im Donner der Orgel: Halleluja! Halleluja! Halleluja! – aus diesem Wort, aus diesem Dank einen Jubel schaffen, der von dieser Erde zurückdröhnte bis zum Schöpfer des Alls!

Tränen dunkelten Händel das Auge, so ungeheuer drängte die Inbrunst in ihm. Noch waren Blätter zu lesen, der dritte Teil des Oratoriums. Aber nach diesem »Halleluja, Halleluja« vermochte er nicht mehr weiter. Vokalisch füllte ihn dieses Jauchzen innen an, es dehnte und spannte, es schmerzte schon wie flüssiges Feuer, das strömen wollte, entströmen. Oh, wie es engte und drängte, denn es wollte aus ihm, wollte auf und in den Himmel zurück. Hastig griff Händel zur Feder und zeichnete Noten auf, mit magischer Eile formte sich Zeichen auf Zeichen. Er konnte nicht innehalten, wie ein Schiff, die Segel vom Sturm gefaßt, riß es ihn fort und fort. Rings schwieg die Nacht, stumm lag das feuchte Dunkel über der großen Stadt. Aber in ihm strömte das Licht, und unhörbar dröhnte das Zimmer von der Musik des Alls.

MARTIN STADE

# *Der junge Bach*

Als Bach die schwere Tür von innen abschloß, war ihm, als befänden sie sich in einer anderen Welt. Der Lärm vom Markt klang wie ein fernes Brausen, aus dem sich nur einzelne Schreie erhoben und Rufe der Fuhrleute, aber auch diese wurden von den dicken Mauern gedämpft und störten nicht.

Er versuchte, Maria Barbara zu bewegen, mit ihm hochzugehen zur Orgel, doch sie weigerte sich und wollte unten sitzen bleiben. Es gehöre sich nicht für eine weibliche Person, und er käme wohl in eine üble Situation, wenn es die Obrigkeit erfahre.

So blieb sie unten, während er auf der Bank vor der Tastatur Platz nahm. Während des Gebets begann das Orgelwerk zu atmen, Christoffer tat seine Pflicht, und er hörte, wie sich die Bälge füllten. Ihm war noch immer, als säße er neben ihr auf dem Berg und sähe ihren Kopf vor dem hohen Himmel mit den kleinen, weißen Wolken. So begann er zu präludieren, mit diesem überschäumenden Gefühl von Freude und Gewißheit. Die Passagen einer

Toccata türmten sich auf wie der Himmel, den er noch vor Augen hatte, und wie die Landschaft, die auf und ab stieg und sich in weiter Ferne verlor. Die Gestalt Maria Barbaras war dabei immer gegenwärtig, als wären sie es beide, die Himmel und Landschaft in sich aufnahmen, und als wären sie selbst ein Teil davon. Die Toccata war wie ein Feuerwerk ihrer Empfindungen, die sie nicht mit Worten ausgedrückt hatten. Aber sie war auch voll von drängenden, kühn aufeinandergesetzten, vollen Harmonien, die den Kirchenraum stoßweise und fast gewaltsam erfüllten, so ungewöhnlich und heftig, daß Bach vor der eigenen Vermessenheit erschrak und die Toccata nach weniger als drei Minuten ausklingen ließ. Einen winzigen Augenblick lang schöpfte er Atem – ihm schien, als täte er es gleichzeitig mit der Orgel – und ließ die Fuge folgen, jene, die er in Ansätzen schon Börner vorgespielt hatte. Da kam es ihm vor, als wäre sie schon vor Tagen ein Frage-und-Antwort-Spiel mit Maria Barbara gewesen. Jetzt aber, mächtiger und inniger als zuvor, floß sie dahin in viel freudigerer und gelösterer Bewegtheit wie ein Widerspiel zwischen ihr und ihm, in einem ständigen Hin und Wider des Austauschs von Gedanken und Beziehungen, als lösten sich die Spannungen und als verknüpften sie sich erneut, ein tändelndes Spiel leuchtete mitunter auf, und alles zusammen strebte einem Höhepunkt zu, rasch und wild, und floß zusammen in einem einzigen Strom von gemeinsamer Empfindung.

Er hatte etwa zehn Minuten lang gespielt, eigentlich nur für sie. Jetzt wandte er sich um und sah hinab. Maria Barbara saß mit gebeugtem Kopf auf ihrer Bank, als höre sie noch die letzten Töne und sei ganz in sich versunken.

EDUARD MÖRIKE

# *Mozart auf der Reise nach Prag*

Den ersten Aufwand des Gesprächs bestritt, fast nur zu freigebig, der gute launige Hausherr vermöge seiner etwas lauten, mit Späßen und Histörchen sattsam gespickten Unterhaltungsweise. Es wurden Erfrischungen gereicht, die unser Reisender im mindesten nicht schonte.

Eines hatte den Flügel geöffnet, »Figaros Hochzeit« lag aufgeschlagen, und das Fräulein schickte sich an, von dem Baron akkompagniert, die Arie Susannas in jener Gartenszene zu singen, wo wir den Geist der süßen Leidenschaft stromweise, wie die gewürzte sommerliche Abendluft, einatmen. Die feine Röte auf Eugeniens Wangen wich zwei Atemzüge lang der äußersten Blässe; doch mit dem ersten Ton, der klangvoll über ihre Lippen kam, fiel ihr jede beklemmende Fessel vom Busen. Sie hielt sich lächelnd, sicher auf der hohen Woge, und das Gefühl dieses Moments, des einzigen in seiner Art vielleicht für alle Tage ihres Lebens, begeisterte sie billig.

Mozart war offenbar überrascht. Als sie geendigt hatte, trat er zu ihr und fing mit seinem ungezierten Herzensausdruck an: »Was soll man sagen, liebes Kind, hier, wo es ist wie mit der lieben Sonne, die sich am besten selber lobt, indem es gleich jedermann wohl in ihr wird! Bei solchem Gesang ist der Seele zumut wie dem Kindchen im Bad: es lacht und wundert sich und weiß sich in der Welt nichts Besseres. Übrigens glauben Sie mir, unsereinem in Wien begegnet es nicht jeden Tag, daß er so lauter, ungeschminkt und warm, ja so komplett sich selber zu hören bekommt.« – Damit erfaßte er ihre Hand und küßte sie herzlich. Des Mannes hohe Liebenswürdigkeit und Güte nicht minder als das ehrenvolle Zeugnis, wodurch er ihr Talent auszeichnete, ergriff Eugenien mit jener unwiderstehlichen Rührung, die einem leichten Schwindel gleicht, und ihre Augen wollten sich plötzlich mit Tränen anfüllen.

Hier trat Madame Mozart zur Türe herein, und gleich darauf erschienen neue Gäste, die man erwartet hatte: eine dem Haus sehr eng verwandte freiherrliche Familie aus der Nähe, mit einer Tochter, Franziska, die seit den Kinderjahren mit der Braut durch die zärtlichste Freundschaft verbunden und hier wie daheim war.

Man hatte sich allerseits begrüßt, umarmt, beglückwünscht, die beiden Wiener Gäste vorgestellt, und Mozart setzte sich an den Flügel. Er spielte einen Teil eines Konzerts von seiner Komposition, welches Eugenie soeben einstudierte.

Die Wirkung eines solchen Vortrags in einem kleinen Kreis wie der gegenwärtige unterscheidet sich natürlicherweise von jedem ähnlichen an einem öffentlichen Orte durch die unendliche Befriedigung, die in der unmittelbaren Berührung mit der Person des Künstlers und seinem Genius innerhalb der häuslichen bekannten Wände liegt.

Es war eines jener glänzenden Stücke, worin die reine Schönheit sich einmal, wie aus Laune, freiwillig in den Dienst der Eleganz begibt, so aber, daß sie, gleichsam nur verhüllt in diese mehr willkürlich spielenden Formen und hinter eine Menge blendender Lichter versteckt, doch in jeder Bewegung ihren eigensten Adel verrät und ein herrliches Pathos verschwenderisch ausgießt.

Die Gräfin machte für sich die Bemerkung, daß die meisten Zuhörer, vielleicht Eugenie selbst nicht ausgenommen, trotz der gespanntesten Aufmerksamkeit und aller feierlichen Stille während eines bezaubernden Spiels, doch zwischen Auge und Ohr gar sehr geteilt waren. In unwillkürlicher Beobachtung des Komponisten, seiner schlichten, beinahe steifen Körperhaltung, seines gutmütigen Gesichts, der rundlichen Bewegung dieser kleinen Hände war es gewiß auch nicht leicht möglich, dem Zudrang tausendfacher Kreuz- und Quergedanken über den Wundermann zu widerstehen.

Zu Madame Mozart gewendet, sagte der Graf, nachdem der Meister aufgestanden war: »Einem berühmten Künstler gegenüber, wenn es ein Kennerlob zu spitzen gilt, das halt nicht eines jeden Sache ist, wie haben es die Könige und Kaiser gut! Es nimmt sich eben alles einzig und außerordentlich in einem solchen Munde aus. Was dürfen sie sich nicht erlauben, und wie bequem ist es z. B., dicht hinterm Stuhl Ihres Herrn Gemahls, beim Schlußakkord einer brillanten Fantasie dem bescheidenen klassischen Mann auf die Schulter zu klopfen und zu sagen: ›Sie sind ein Tausendsassa, lieber Mozart!‹ Kaum ist das Wort heraus, so geht's wie ein Lauffeuer durch den Saal: ›Was hat er ihm gesagt?‹ – ›Er sei ein Tausendsassa, hat er zu ihm gesagt!‹ Und alles, was da geigt und fistuliert und komponiert, ist außer sich von diesem *einen* Wort; kurzum, es ist der große Stil, der familiäre Kaiserstil, der unnachahmliche, um welchen ich die Josephs und die Friedrichs von jeher beneidet habe, und das nie mehr als eben jetzt, wo ich ganz in Verzweiflung bin, von anderweitiger geistreicher Münze zufällig keinen Deut in allen meinen Taschen anzutreffen.«

Die Art, wie der Schäker dergleichen vorbrachte, bestach immerhin und rief unausbleiblich ein Lachen hervor.

Nun aber, auf die Einladung der Hausfrau, verfügte die Gesellschaft sich nach dem geschmückten runden Speisesalon, aus welchem den Eintretenden ein festlicher Blumengeruch und eine kühlere, dem Appetit willkommene Luft entgegenwehte.

KLAUS MANN

# *Tschaikowsky dirigiert im Gewandhaus*

Der russische Komponist, der am nächsten Vormittag durch Kapellmeister Reinecke dem Gewandhaus-Orchester vorgestellt wurde, hatte ein bleiches und verstörtes Gesicht, das zuweilen, bei geringfügigen Anlässen, dunkelrot anlief; sein zu weicher Mund unter dem hängenden grauweißen Schnurrbart zitterte. »Sie kennen alle den großen Komponisten Tschaikowsky«, sprach der gutmütige alte Reinecke. »Meine Herren, ich stelle Ihnen den Dirigenten und den Menschen Tschaikowsky vor.«

Der große Komponist, Mensch und Dirigent Tschaikowsky betrat, gebückt vor Ängstlichkeit und Scham, das Pult. Die Geiger, Bratschisten und Cellisten klopften, als Zeichen des Beifalls, leise mit dem Bogen gegen ihre Instrumente; dabei aber machten sie mißmutige Gesichter: sie liebten es nicht sehr, mit ausländischen, als etwas exzentrisch bekannten Komponisten zu arbeiten. Peter Iljitsch sah mit einem scheuen Blick in diese kühlen und verschlossenen Mienen. ›Jetzt muß ich meine Rede halten‹, dachte er und spürte, wie die dunkle Röte ihm ins Antlitz kam. ›Man wird mich verhöhnen – man wird mich schallend verhöhnen.‹ Er begann mit belegter Stimme: »Meine Herren – ich kann nicht deutsch sprechen – aber ich bin stolz, daß ich in einem so … so … wie soll ich mich ausdrücken – ich bin stolz … Ich kann nicht …« Der Konzertmeister, der neben Peter Iljitsch saß, verbiß sich ein Lachen. Tschaikowsky, plötzlich straffer aufgerichtet, schlug mit dem Taktstock aufs Pult. »Fangen wir an, meine Herren!« rief er mit einer plötzlich lauten, freien und beherrschten Stimme. Man probierte die erste Orchester-Suite.

Peter Iljitsch arbeitete mit Leidenschaft. Er klopfte oft

ab und ließ oft wiederholen, wurde aber niemals ungeduldig oder gereizt; vielmehr behandelte er das Orchester mit der ausgesuchtesten Liebenswürdigkeit, ja er schien sich, beinah kokettierend, um seine Gunst zu bemühen. »Meine Herren – meine lieben Herren!« rief er in seinem weichen singenden Deutsch und hob drollig beschwörend die Arme. »Ich flehe Sie an: noch einmal – und mit mehr Zartheit, schwebender, leichter – ganz leicht!« Der erste Satz – »Introduzione e Fuga« – machte vor allem den Bläsern viel Mühe. Gleich zu Anfang hatten die beiden Fagotte das einleitende Thema unisono zu bringen, die hohen Töne wollten nicht rein werden, Peter Iljitsch mußte sie immer noch einmal wiederholen lassen. Während des zweiten Satzes, des »Divertimento«, erschien im Hintergrund des halbdunklen Saales eine gedrungene Gestalt. Das war Brahms; er setzte sich behutsam in die hinterste Parkettreihe, Peter Iljitsch hatte ihn sofort bei seinem Eintreten bemerkt. ›Wie angenehm, daß wir gerade beim Divertimento sind‹, dachte Tschaikowsky. ›Das ist ein gelungenes Stück, das muß ihm Eindruck machen, es ist etwas Neuartiges. Ja, es ist etwas Neues, wie ich unsere Volksmelodien – unsere traurigen, geliebten Melodien – mit dem deutschen Walzerrhythmus verbinde. Das ergibt mehr als nur die ›Valse Triste‹, es ergibt den Tragischen Walzer. Das ist Anmut und Klage – ein anmutsvolles Klagelied: verstehen Sie, was das bedeutet, Herr Brahms? Mit Anmut klagen ... Ich habe das Divertimento erst nachträglich eingefügt ... Ich bin froh, daß ich es eingefügt habe ...‹

Die Musiker waren sehr in Stimmung gekommen. Der große, redliche Eifer des fremdländischen Komponisten stachelte ihren Ehrgeiz, und seine schmeichelnd werbende Liebenswürdigkeit machte sie guter Laune. Nach dem Divertimento probierten sie das Intermezzo und ließen es sich freundlichen Gesichts gefallen, daß alle paar Minuten unterbrochen wurde.

Als man zum dritten Satz, der »Marche miniature«, kam, wurde Peter Iljitsch ein wenig unruhig. Er wußte, daß Brahms, in seinem Halbdunkel dort hinten, nun ein verächtliches Gesicht machen würde. ›Ich hätte die »Marche miniature« weglassen sollen‹, dachte er, während er das Orchester um die äußerste Leichtigkeit bat – »Das Stückchen muß klingen wie auf einer Spieldose!« beschwor er die Musikanten – ich weiß schon, dieser kleine Scherz ist etwas minderwertig, deshalb habe ich auch ein *Ad libitum* dazu vermerkt. Aber kein Dirigent denkt daran, es wegzulassen, das Publikum liebt solche Scherze. Warum soll ich auf eine sichere Wirkung verzichten?‹

›Übrigens klingt es sehr niedlich‹, dachte er mit einem Trotz, der dem Mann im Halbdunkel galt. – Es musizierte nur ein kleiner Teil des Orchester: zwei Flöten nebst Pikkolo, zwei Klarinetten, zwei Oboen, vierfach geteilte Violinen, Triangel, Glockenspiel. ›Es klingt wirklich nett‹, dachte Peter Iljitsch. Und er rief, während seine eigenen Gesten immer tänzerischer, immer ausgelassener wurden: »Leicht, meine Lieben! Ganz, ganz leicht! Spieldose, meine Lieben!« Im selben Augenblick hörte er, wie Brahms sich mißbilligend räusperte.

Nach der Probe sagte Peter Iljitsch ein paar herzliche Worte des Dankes zum Orchester. »Es wird schon gehen«, meinte er erschöpft und wischte sich den Schweiß von der Stirne. »Aber die ›Marche miniature‹ bitte *noch* leichter. Das darf gar kein Gewicht mehr haben!«

CHRISTOPH MARTIN WIELAND

## *An Joseph Haydn*

Wie strömt Dein wogender Gesang
In unsre Herzen ein! – wir sehen
Der Schöpfung mächt'gen Gang,
Den Hauch des Herrn auf dem Gewässer wehen,
Jetzt durch ein blitzend Wort das erste Licht entstehen
Und die Gestirne sich um ihre Bahnen drehen;
Wie Baum und Pflanze wird; wie sich der Berg erhebt
Und, froh des Lebens, sich die jungen Thiere regen.
Der Donner rollet uns entgegen;
Der Regen säuselt, jedes Wetter strebt
Ins Daseyn, und bestimmt, des Schöpfers Werk zu krönen,
Sehn wir das erste Paar, geführt von Deinen Tönen.
O jedes Hochgefühl, das in dem Herzen schlief,
Ist wach! Wer rufet nicht: Wie schön ist diese Erde,
Und schöner, nun der Herr auch Dich ins Daseyn rief,
Auf daß sein Werk vollendet werde!

RICHARD WAGNER

## *Begegnung mit Beethoven*

Ich erlaubte mir hier zu fragen, ob er wirklich glaube, daß jemand nach Anhörung seiner »Adelaide« ihm den glänzendsten Beruf auch zur Gesangsmusik abzusprechen wagen würde?

»Nun«, entgegnete er nach einer kleinen Pause, – »die Adelaide und dergleichen sind am Ende Kleinigkeiten, die den Virtuosen von Profession zeitig genug in die Hände fallen, um ihnen als Gelegenheit zu dienen, ihre vortrefflichen Kunststückchen anbringen zu können. Warum sollte aber die Vokalmusik nicht ebensogut als die Instrumentalmusik einen großen, ernsten Genre bilden können, der zumal bei der Ausführung von dem leichtsinnigen Sängervolke ebenso respektiert würde, als es meinetwegen bei einer Symphonie vom Orchester gefordert wird? Die menschliche Stimme ist einmal da. Ja, sie ist sogar ein bei weitem schöneres und edleres Ton-Organ als jedes Instrument des Orchesters. Sollte man sie nicht ebenso selbständig in Anwendung bringen können, wie dieses? Welche ganz neuen Resultate würde man nicht bei diesem Verfahren gewinnen! Denn gerade der seiner Natur nach von der Eigentümlichkeit der Instrumente gänzlich verschiedene Charakter der menschlichen Stimme würde besonders herauszuheben und festzuhalten sein, und die mannigfachsten Kombinationen erzeugen lassen. In den Instrumenten repräsentieren sich die Urorgane der Schöpfung und der Natur; das, was sie ausdrücken, kann nie klar bestimmt und festgesetzt werden, denn sie geben die Urgefühle selbst wieder, wie sie aus dem Chaos der ersten Schöpfung hervorgingen, als es selbst vielleicht noch nicht einmal Menschen gab, die sie in ihr Herz aufnehmen konnten. Ganz anders ist es mit dem Genius der Menschenstimme; diese repräsentiert das menschliche Herz und dessen abgeschlossene, individuelle Empfindung. Ihr Charakter ist somit beschränkt, aber bestimmt und klar. Man bringe nun diese beiden Elemente zusammen, man vereinige sie! Man stelle den wilden, in das Unendliche hinausschweifenden Urgefühlen, repräsentiert von den Instrumenten, die klare bestimmte Empfindung des menschlichen Herzens entgegen, repräsentiert von der Menschenstimme. Das Hinzutreten dieses zweiten Elementes wird wohltuend und schlichtend auf den Kampf der Urgefühle wirken, wird ihrem Strome einen bestimmten, vereinigten Lauf geben; das menschliche Herz selbst aber wird, indem es jene Urempfindungen in sich aufnimmt, unendlich erkräftigt und erweitert, fähig sein, die frühere unbestimmte Ahnung des Höchsten, zum göttlichen Bewußtsein umgewandelt, klar in sich zu fühlen.«

Hier hielt Beethoven wie erschöpft einige Augenblicke an. Dann fuhr er mit einem leichten Seufzer fort: »Freilich stößt man bei dem Versuch zur Lösung dieser Aufgabe auf manchen Übelstand; um singen zu lassen, braucht man der Worte. Wer aber wäre imstande, die Poesie in Worte zu fassen, die einer solchen Vereinigung aller Elemente zugrunde liegen würde? Die Dichtung muß da zurückstehen, denn die Worte sind für diese Aufgabe zu schwache Organe. – – Sie werden bald eine neue Komposition von mir kennen lernen, die Sie an das erinnern wird, worüber ich mich jetzt ausließ. Es ist dies eine Symphonie mit Chören. Ich mache Sie darauf aufmerksam, wie schwer es mir dabei ward, dem Übelstand der Unzulänglichkeit der zu Hilfe gerufenen Dichtkunst abzuhelfen. Ich habe mich endlich entschlossen, die schöne Hymne unsers *Schillers* ›An die Freude‹ zu benützen; es ist diese jedenfalls eine edle und erhebende Dichtung, wenn auch weit entfernt davon, das auszusprechen, was allerdings in diesem Falle keine Verse der Welt aussprechen können.«

Noch heute kann ich das Glück kaum fassen, das mir dadurch zu Teil ward, daß mir Beethoven selbst durch diese Andeutungen zum vollen Verständnis seiner riesenhaften letzten Symphonie verhalf, die damals höchstens eben erst vollendet, keinem aber noch bekannt war. Ich drückte ihm meinen begeistertsten Dank für diese gewiß seltene Herablassung aus. Zugleich äußerte ich die entzückende Überraschung, die er mir mit der Nachricht bereitet hatte, daß man dem Erscheinen eines neuen großen Werkes von seiner Komposition entgegensehen dürfe. Mir waren die Tränen in die Augen getreten, – ich hätte vor ihm niederknien mögen.

PETER HÄRTLING

# *Moment musical VI*

*(Etwas geschwind)*

Es waren einmal zwei Brüder, Franz und Ferdinand. Beide waren sie Lehrer, beide spielten sie Instrumente, machten Musik, komponierten. Nur waren die Gaben ungleich verteilt. Franz fielen Tag und Nacht die schönsten Melodien ein, während Ferdinand sich um jeden Takt plagen mußte. Das hielt er für ungerecht. Darum begann er dem Bruder Musik zu stehlen. Das tat er auf die merkwürdigste Weise. Er versprach der Schule, an der er tätig war – sie trug den traurigen Namen Waisenhausschule – für eine Feier eine ›Deutsche Trauermesse‹. Darauf bat er unverzüglich seinen Bruder, eine solche Musik zu komponieren. Er werde dafür sorgen, daß sie als seine Widmung in der Schule aufgeführt werde. Franz diente gerade als Musiklehrer bei einem Grafen in Ungarn, und mit seiner musikalischen Schöpferkraft stand es, was ihn verdroß, nicht zum besten. Dennoch machte er sich gleich an die Arbeit und schickte bereits schon nach wenigen Tagen dem Bruder die ›Messe‹. Der war überglücklich, führte sie auf, allerdings unter seinem Namen. Das sollte nicht das letzte Mal sein, daß er sich so bereicherte. Der geliehene Ruhm drückte so auf sein Gewissen, daß er in einem Brief an Franz den Tausch gestand. Er erwartete Klage und Schelte und staunte um so mehr über die Überlegenheit, mit der der jüngere Bruder reagierte: »Die Sünde der Zueignung war Dir schon im ersten Brief verziehen … Die Trauermesse gefiel Dir, Du weintest dabey und vielleicht bei dem nämlichen Wort, wo ich weinte; lieber Bruder, das ist mir der schönste Lohn für dieses Geschenk, laß ja von keinem andern was hören.« Und weil damit die brüderliche Unersättlichkeit abgesegnet ist, setzt Ferdinand, der ältere Bruder, mit einem weiteren Wunsch gleich nach. Er begehrt einen Gegenstand, an den ein Triumph des Jüngeren gebunden ist. Das einzige große Geschenk, das ihm sein Vater je machte: Ein fünfoktaviges Klavier. Er hat es nach seiner ersten Messe bekommen, die in der Hochzeitskirche seiner Eltern aufgeführt worden war. Nun schreibt Ferdinand kühn an Franz: »Jetzt noch Eines: Mein Fortepiano wird verkauft u. nun möchte ich das Deinige an mich ziehen. Bist Du damit einverstanden, so bestimme den Preis, u. die bare Bezahlung wird folgen.« Und erneut überrascht der Jüngere den Älteren mit seiner Großzügigkeit, die beinahe schon als Gleichgültigkeit verstanden werden könnte: »Mein Fortepiano ziehe nur an Dich, es wird mich freuen ... Aber das ist mir unangenehm, daß Du immer von Bezahlung, Lohn u. Dank sprichst, gegen einen Bruder, pfui Teufel!« Und Ferdinand spricht, als er diesen brüderlichen Brief liest, die Sätze laut vor sich hin, als könne er sich mit ihnen bestrafen. Noch kann er nicht ahnen, daß er den jüngeren Bruder für Gotteslohn aufnehmen wird. Und dann schreibt der eine Musik, die er nicht mehr für die seine ausgeben kann.

GOTTFRIED BENN

## *Schumann*

Wie bist du darauf gekommen,
wie kamen die Töne dir bei,
wo aufgestiegen, erglommen
F-Dur, die Träumerei?

War es die Frühe, die leere,
in der die Träume vergehn,
oder war es die Nacht, die schwere,
in der die Träume geschehn?

Waren Stunden, tränenerbebende,
oder Stunden des Glücks dein –
eine alles-zusammen-erlebende
muß es gewesen sein,

noch heute sendet sie Streifen
aus Einst und Immer und Nie,
wenn wir ans Radio greifen
F-Dur – die Rêverie.

FRANZ GRILLPARZER

## *Liszt*

Du gleichst dem Engel mit dem Flammenschwerte,
Der aufgestellt vor unsrer Unschuld Garten; –
Ein strenger Spruch, gerecht in seiner Härte,
Straft durch sich selber jegliches Entarten.

Doch weigerst du die Pforten jener Räume,
Wo Unschuld mit sich selber ging zufrieden,
So zeigst du uns, ein Traumbild wacher Träume,
Das Bild des Glücks, das nicht mehr weilt hienieden.

Eintauchend in die Welt der Leidenschaften,
Des Kampfs, des Streits, der wildverworrnen Grenzen,
Läßt du aus Augen, die an Eden haften,
Den Widerschein des dort Gesehnen glänzen.

Der Donner wird zum Strahl, der Strahl zum Lichte,
Auf Augenblicke schwinden Nebeldünste,
Die Luft der Heimat weht durch die Gesichte –
Eintracht in Zwietracht ist das Reich der Künste.

# *Silberne Flöten, samtene Geigen …*

## Aus der Welt der Instrumente

# *Ein Spielmann spielt auf*

Ich besann mich nicht lange, zog meine Geige aus der Tasche und spielte schnell einen lustigen Ländler auf, während ich aus dem Walde hervortrat. Die Mädchen verwunderten sich, die Alten lachten, daß es weit in den Wald hineinschallte. Als ich aber so bis zu der Linde gekommen war und mich mit dem Rücken dranlehnte und immerfort spielte, da ging ein heimliches Rumoren und Gewisper unter den jungen Leuten rechts und links, die Burschen legten endlich ihre Sonntagspfeifen weg, jeder nahm die Seine, und eh' ich's mir versah, schwenkte sich das junge Bauernvolk tüchtig um mich herum, die Hunde bellten, die Kittel flogen, und die Kinder standen um mich im Kreise und schauten mir neugierig auf die Finger, wie ich so fix damit hantierte.

Wie der erste Schleifer vorbei war, konnte ich erst recht sehen, wie eine gute Musik in die Gliedmaßen fährt. Die Bauernburschen, die sich vorher, die Pfeifen im Munde, auf den Bänken reckten und die steifen Beine von sich streckten, waren nun auf einmal wie umgetauscht, ließen ihre bunten Schnupftücher vorn am Knopfloch lange herunterhängen und kapriolten so artig um die Mädchen herum, daß es eine rechte Lust anzuschauen war. Einer von ihnen, der sich schon für was Rechtes hielt, haspelte lange in seiner Westentasche, damit es die andern sehen sollten, und brachte endlich ein kleines Silberstück heraus, das er mir in die Hand drücken wollte. Mich ärgerte das, wenn ich gleich dazumal kein Geld in der Tasche hatte. Ich sagte ihm, er solle nur seine Pfennige behalten, ich spielte nur so aus Freude, weil ich wieder bei Menschen wäre. Bald darauf aber kam ein schmuckes Mädchen mit einer großen Stampe Wein zu mir. »Musikanten trinken gern«, sagte sie und lachte mich freundlich an, und ihre perlweißen Zähne schimmerten recht scharmant zwischen den roten Lippen hindurch, so daß ich sie wohl hätte darauf küssen mögen. Sie tunkte ihr Schnäbelchen in den Wein, wobei ihre Augen über das Glas weg auf mich herüber funkelten, und reichte mir darauf die Stampe hin. Da trank ich das Glas bis auf den Grund aus und spielte dann wieder von frischem, daß sich alles lustig um mich herum drehte.

Die Alten waren unterdes von ihrem Spiel aufgebrochen, die jungen Leute fingen auch an müde zu werden und zerstreuten sich, und so wurde es nach und nach still und leer vor dem Wirtshause. Auch das Mädchen, das mir den Wein gereicht hatte, ging nun nach dem Dorfe zu, aber sie ging sehr langsam und sah sich zuweilen um, als ob sie was vergessen hätte. Endlich blieb sie stehen und suchte etwas auf der Erde, aber ich sah wohl, daß sie, wenn sie sich bückte, unter dem Arme hindurch nach mir zurückblickte. Ich hatte auf dem Schlosse Lebensart gelernt, ich sprang also geschwind herzu und sagte: »Haben Sie etwas verloren, schönste Mamsell?« – »Ach nein«, sagte sie und wurde über und über rot, »es war nur eine Rose – will Er sie haben?« – Ich dankte und steckte die Rose ins Knopfloch. Sie sah mich sehr freundlich an und sagte: »Er spielt recht schön.« – »Ja«, versetzte ich, »das ist so eine Gabe Gottes.« – »Die Musikanten sind hier in der Gegend sehr rar«, hub das Mädchen dann wieder an und stockte und hatte die Augen beständig niedergeschlagen. »Er könnte sich hier ein gutes Stück Geld verdienen – auch mein Vater spielt etwas die Geige und hört gern von der Fremde erzählen – und mein Vater ist sehr reich.« – Dann lachte sie auf und sagte: »Wenn er nur nicht immer solche Grimassen machen möchte, mit dem Kopfe beim Geigen!« – »Teuerste Jungfer«, erwiderte ich, »erstlich: nennen Sie mich nur nicht immer Er; sodann mit dem Kopftremulenzen, das ist einmal nicht anders, das haben wir Virtuosen alle so an uns.« – »Ach so!« entgegnete das Mädchen. Sie wollte noch etwas mehr sagen, aber da entstand auf einmal ein entsetzliches Gepolter im Wirtshause, die Haustüre ging mit großem Gekrache auf und ein dünner Kerl kam wie ein ausgeschossener Ladestock herausgeflogen, worauf die Tür sogleich wieder hinter ihm zugeschlagen wurde.

THOMAS MANN

## *Alles, was da klingt und singt*

Das Magazin in den Räumen des Halbgeschosses, aus denen oft, in den verschiedensten Klangfarben, ein solches durch die Oktaven laufendes Probieren erscholl, bot einen herrlichen, lockenden, ich möchte sagen: kulturell bezaubernden Anblick, der die akustische Phantasie zu einem gewissen inneren Brausen aufregte. Mit Ausnahme des Klaviers, das Adrians Pflegevater der Spezial-Industrie überließ, war dort alles ausgebreitet, was da klingt und singt, was näselt, schmettert, brummt, rasselt und dröhnt, – und übrigens war auch das Tasteninstrument, in Gestalt des lieblichen Glockenklaviers, der Celesta, immer vertreten. Es hingen da hinter Glas, oder lagen in Kästen gebettet, die wie Mumiensärge nach der Gestalt des Bewohners geformt waren, die reizenden Geigen, bald gelber, bald brauner gelackt, die schlanken, am Griffe silberumsponnenen Bögen in den Haltern der Deckel verwahrt, – italienische, deren reine Wohlgestalt dem Kenner ihre cremonesische Herkunft verraten mochte, aber auch Tiroler, niederländische, sächsische, Mittenwalder und solche aus Leverkühns eigener Werkstatt. Das gesangreiche Cello, das seine vollendete Form dem Antonio Stradivari verdankt, war reihenweise vorhanden, aber auch seine Vorgängerin, die sechssaitige Viola da gamba, die in älteren Werken noch neben ihm zu Ehren kommt, war hier, wie die Bratsche und das andere Geschwister der Geige, die Viola alta, immer zu finden, wie denn auch meine eigene Viola d'amore, auf deren sieben Saiten ich mich mein Leben lang ergangen habe, aus der Parochialstraße stammt. Sie war ein Geschenk meiner Eltern zu meiner Konfirmation.

Da lehnte, in mehreren Exemplaren, das Violone, die Riesengeige, der schwer bewegliche Kontrabaß, majestätischer Rezitative fähig, dessen Pizzicato klangvoller ist als der gestimmte Paukenschlag, und dem man den verschleierten Zauber seiner Flageolett-Töne nicht zutrauen sollte. Und ebenfalls wiederholt war sein Gegenstück unter den Holz-Blasinstrumenten vorhanden, das Kontrafagott, sechzehnfüßig wie jenes, das heißt: um acht Töne tiefer klingend, als seine Noten angeben, mächtig die Bässe verstärkend, gebaut in den doppelten Dimensionen seines kleineren Bruders, des scherzosen Fagotts, das ich so nenne, weil es ein Baß-Instrument ist ohne rechte Baßgewalt, eigentümlich schwächlich von Klang, meckernd, karikaturistisch. Wie hübsch war es jedoch mit seinem gewundenen Anblaserohr, blitzend im Schmuck seiner Klappen- und Hebelmechanik! Welcher reizende Anblick überhaupt, dies Heer der Schalmeien im weither entwickelten Hochstande ihrer technischen Ausbildung, den Trieb des Virtuosen auffordernd in jeder ihrer Formen: als bukolische Oboe, als Englisches Horn, das sich auf traurige Weisen versteht, als klappenreiche Klarinette, welche im tiefen Chalumeau-Register so geisterhaft düster lauten, höher hinauf aber im Silberglanz blühenden Wohlklangs erstrahlen kann, als Bassetthorn und Baßklarinette. (...)

Auch die so merkwürdigen Becken nehme man noch hinzu, die nur Chinesen und Türken zu verfertigen verstehen, weil sie das Geheimnis hüten, wie man glühende

Bronze hämmert, und deren Innenflächen der Handhabende nach dem Schlage hoch im Triumphe gegen das Auditorium hält; das dröhnende Tamtam, das zigeunerische Tamburin, den unterm Stahlstab hell aufklingenden Triangel mit seinem offenen Winkel; die Zymbeln von heute, die gehöhlten, in der Hand knackenden Kastagnetten. Man sehe all diese ernsthafte Lustbarkeit überragt von der goldenen Pracht-Architektur der Erard'schen Pedalharfe, und man wird die magische Anziehungskraft begreifen, die des Oheims Handelsräume, dies Paradies schweigenden, aber in hundert Formen sich ankündigenden Wohllauts auf uns Knaben ausübte.

ELSE LASKER-SCHÜLER

# *Mein blaues Klavier*

Ich habe zu Hause ein blaues Klavier
Und kenne doch keine Note.

Es steht im Dunkel der Kellertür,
Seitdem die Welt verrohte.

Es spielen Sternenhände vier
– die Mondfrau sang im Boote –
Nun tanzen die Ratten im Geklirr.

Zerbrochen ist die Klaviatür .....
Ich beweine die blaue Tote.

Ach liebe Engel öffnet mir
– Ich ass vom bitteren Brote –
Mir lebend schon die Himmelstür –
Auch wider dem Verbote.

MARIE LUISE KASCHNITZ

## *Die Äolsharfe*

Die stumme Harfe hat der Wind durchflogen
Nun tönet sie für alle Zeit erwacht
Ein Lied so dunkel wie der Hall der Wogen
Und Sturmesrauschen im Geäst der Nacht.

»Was rühmst du, Harfe, die vom Liebesdrängen
So sanft berührt, zum erstenmal erbebte
Die Erde nicht mit feurigen Gesängen
Und preisest nicht den Hauch, der dich belebte?«

O singe, Wandrer, du die lichten Stunden
O rühme du des holden Glückes Frist
Ich klage, daß nicht alles in der Runde
Der Liebe ähnlich und vollkommen ist.

PATRICK SÜSSKIND

## *Vor allem der Kontrabaß*

Worauf ich hinauswill, ist die Feststellung, daß der Kontrabaß das mit Abstand wichtigste Orchesterinstrument schlechthin ist. Das sieht man ihm nicht an.

Aber er bildet das gesamte orchestrale Grundgefüge, auf dem das übrige Orchester überhaupt erst fußen kann, Dirigent eingeschlossen. Der Baß ist also das Fundament, auf dem sich dieses ganze herrliche Gebäude erhebt, bildlich. Nehmen Sie den Baß heraus, dann entsteht eine reinste babylonische Sprachverwirrung. Sodom, in dem niemand mehr weiß, warum er überhaupt Musik macht.

Stellen Sie sich vor – Beispiel jetzt – Schubert h-Moll-Sinfonie *ohne* Bässe. Eklatant. Sie können's vergessen. Sie können die gesamte Orchesterliteratur von A bis Z – und zwar was Sie wollen: Sinfonie, Oper, Solistenkonzerte –, Sie können es so wie es ist wegschmeißen, wenn Sie keine Kontrabässe haben, so wie es ist. Und fragen Sie einmal einen Orchestermusiker, wann er zum Schwimmen anfängt! Fragen Sie ihn! Wenn er den Kontrabaß nicht mehr hört. Ein Fiasko. In einer Jazzband ist das ja noch deutlicher. Eine Jazzband fliegt explosionsartig auseinander – bildlich jetzt –, wenn der Baß aussetzt. Den andern Musikern erscheint dann mit einem Schlag alles sinnlos. Im übrigen lehne ich Jazz ab, auch Rock und diese Dinge. Denn als ein im klassischen Sinne am Schönen, Guten und Wahren ausgerichteter Künstler hüte ich mich vor nichts so sehr wie vor der Anarchie der freien Improvisation. Aber das am Rande. –

Ich wollte nur einleitend feststellen, daß der Kontrabaß *das* zentrale Orchesterinstrument ist. Im Grunde weiß das auch jeder. Es gibt bloß keiner offen zu, weil der Orchestermusiker naturgemäß leicht eifersüchtig ist. Wie stünde unser Konzertmeister mit seiner Violine da, wenn er zugeben müßte, daß er ohne den Kontrabaß dastünde wie der Kaiser ohne Kleider – ein lächerliches Symbol der eigenen Unwichtigkeit und Eitelkeit? Nicht gut stünde er da. Gar nicht gut. Ich darf einen Schluck trinken …

Uns wird überhaupt einiges zugemutet. Wir sind sowieso diejenigen, die sich am meisten anstrengen müssen. Ich bin nach einem Konzert vollständig durchgeschwitzt, ich kann kein Hemd zweimal anziehen. Ich verliere bei einer Oper durchschnittlich zwei Liter Flüssigkeit; bei einem Sinfoniekonzert immerhin noch einen Liter. Ich kenne Kollegen, die machen Waldlauf und Hanteltraining. Ich selber nicht. Aber mich wird es eines Tages mitten im Orchester so zusammenhaun, daß ich mich nicht mehr davon erhole. Weil Kontrabaß spielen ist eine reine Kraftsache, mit Musik hat das erst einmal nichts zu tun. Drum kann auch ein Kind nie im Leben Kontrabaß spielen. Ich selbst habe mit siebzehn angefangen. Jetzt bin ich fünfunddreißig. Freiwillig bin ich nicht dazugekommen. Eher wie die Jungfrau zum Kind, aus Zufall. Über Blockflöte, Geige, Posaune und Dixieland. Aber das ist lange her, und mittlerweile lehne ich Jazz ab. Übrigens kenne ich keinen Kollegen, der freiwillig zum Kontrabaß gekommen wäre. Und irgendwie leuchtet das ja auch ein. Das Instrument ist nicht gerade handlich. Ein Kontrabaß ist mehr, wie soll ich sagen, ein Hindernis als ein Instrument. Das können Sie nicht tragen, das müssen Sie schleppen, und wenn's hinfällt, zerreißt's ihn. Ins Auto geht er nur hinein, wenn Sie den rechten Vordersitz raustun. Praktisch ist der Wagen dann voll. In der Wohnung müssen Sie ihm immer ausweichen. Er steht so … so blöd herum, wissen Sie, aber nicht wie ein Klavier. Ein Klavier ist ja ein Möbel. Ein Klavier können Sie zumachen und stehenlassen. Ihn nicht. Er steht immer herum wie … Ich hab einmal einen Onkel gehabt, der war ständig krank und hat sich ständig beklagt, daß keiner sich um ihn kümmert. So ist der Kontrabaß. Wenn Sie Gäste haben, spielt er sich sofort in den Vordergrund. Alles spricht bloß noch über ihn. Wenn Sie mit einer Frau allein sein wollen, steht er dabei und überwacht das Ganze. Werden Sie intim – er schaut zu. Sie haben immer das Gefühl, er macht sich lustig, er macht den Akt lächerlich. Und dieses Gefühl überträgt sich natürlich auf die Partnerin, und dann – Sie wissen selbst, die körperliche Liebe und die Lächerlichkeit, wie eng liegt das zusammen und wie schlecht verträgt es sich! Wie miserabel! Es gehört sich einfach nicht. Entschuldigen Sie …

# *Musik*

*Harfe*
Innewohnend in zarten Saiten
Sind die eignen Geistertöne;
Wer bannte sie hinein?
Rühr uns mit verwandtem Geiste
Körperlich uns Körper an,
So heben sich die bunten Schwingen,
So steigt der freundliche Geist heraus
Und schaut dich mit den klaren Augen an,
Grüßt mit lieblicher Gebärde,
Gibt sich dir zu eigen,
Spielt heilig vor dir hin,
Und sinkt dein Freund in den Abgrund
des Wohllauts zurück,
Magst du ihn wieder rufen,
Er kommt dem bekannten Rufe wieder,
Klag' ihm, was dich bangt,
Sag' ihm, wonach dich verlangt,
Er faßt, er kennt dein Herz, dein Sehnen,
Er schwingt mit Flügeln sich auf
Zu Landen, die du nicht siehst,
Und bringt mit kindlicher Freude
Die glänzenden Gaben,
Die nie gesehenen Wunder
Dem Freunde heimisch in's Herz.

*Flöte*
Unser Geist ist himmelblau,
Führt dich in die blaue Ferne,
Zarte Klänge locken dich
Im Gemisch von andern Tönen.

Lieblich sprechen wir hinein,
Wenn die andern munter singen;
Deuten blaue Berge, Wolken,
Lieben Himmel sänftlich an,
Wie der letzte leise Grund
Hinter grünen frischen Bäumen.

*Hoboe*
Ungewiß schreit' ich voran,
Seele, willst du mit mir gehn,
Auf, betritt die dunkle Bahn,
Wundervolles Land zu sehn:
Licht zieht freundlich uns voran
Und es folgt auf grünen Matten
Hinter uns der braune Schatten.

*Trompete*
Die Erde wird freier, der Himmel wird höher,
Laßt mutig den Blick sich erheben!
Wie liegt die Not, die Sorge
Weit hinter den flammenden Tönen!

*Geige*
Funkelnde Lichter,
Durchschimmernde Farben
Ziehn in Regenbogen,
Wie wiederglänzende springende Brunnen,
Empor in die scherzenden Wellen der Luft.
Es zucken die roten Scheine,
Und spielen hinauf und sinken hinab:
Was willst du vom lieblichen Scherz.

ROBERT SCHNEIDER

## *Improvisierend an der Orgel*

Die beiden Kerle an den Bälgen zogen noch mitleidige Fratzen bezüglich Elias' äußerer Erscheinung, da donnerte ein so gewaltiger Fortissimolauf von der Tiefe der Tastatur in die Höhe, daß sie meinten, die Orgel breche auseinander. Der Lauf riß ab, Elias schöpfte Atem und setzte zu einem noch gewaltigeren Fortissimo an, dieses Mal in Kombination mit einer brüllend hinabstürzenden Pedalbaßlinie. Als er zum dritten Mal Atem geschöpft, ließ er das Figurenwerk abermals aufbrausen, wobei er die Baßlinie auf die Hälfte des vorigen Wertes diminuierte, also mit einer nahezu unmöglichen Fußgeschwindigkeit über das Pedal hinwegfegte. Der Lauf endete in einer schmerzverrissenen Harmonisierung der beiden ersten Takte des Chorals, dann würgte der Organist die Musik derart unmotiviert ab, als seien ihm die Hände plötzlich vom Manual gerutscht. Elias atmete die unerhört spannungsgeladene Zäsur, griff siebenstimmig in die Tasten, spielte den Choral bis zum 3. Takt, riß ab, atmete, harmonisierte in unaufgelösten Dissonanzen bis zum 4. Takt, riß ab, atmete, verband das figurale Kopfmotiv mit der Harmonisierung des Chorals, riß ab, atmete, riß ab, atmete, und das alles über die Dauer von mehr als fünf Minuten.

Dergestalt wollte er darlegen, wie man sich gegen den Tod aufzulehnen habe, gegen das Schicksal, ja gegen Gott. Der Tod als jähes Schweigen, als unerträgliche Pause. Und der gedemütigte Mensch, wie er aufschreit im sinnlosen Gebet. (…)

Als er das Fugenthema mit vollem Prinzipalchor vorgestellt hatte, schrie der dritte der vier kalkweißen Professoren plötzlich laut auf. »Das ist unmöglich!! Das ist nicht möglich!!« schrie er und konnte nur mit brutaler Kraft

# *Musik und Spiritualität*

*Zum 250. Todestag J. S. Bachs am 28. Juli 2000*

**Die ganze Welt bewundert Bach**
Von Kennern für Liebhaber
Herausgegeben und zusammengestellt vonMeinrad Walter
120 S. Halbleinen
DM 24,80 öS 181,- sFr 23,-
ISBN 3-545-20178-3
Dieser Geschenkband versammelt die schönsten Bekenntnisse zu Bach aus 300 Jahren. Die Texte stammen u.a. von: Rose Ausländer, Felix Mendelssohn Bartholdy, Ludwig van Beethoven, Wolf Biermann, Johann Wolfgang v. Goethe.

**Walter, Meinrad**
**Erschallet, ihr Lieder, erklinget, ihr Saiten**
J. S. Bachs Musik im Jahreskreis
248 S. mit Notenbeispielen
Gebunden
DM 39,80 öS 291,- sFr 37,-
ISBN 3-545-20200-3
Zum Bachjahr 2000 gibt dieses Buch einen fachlich fundierten und zugleich auch für den musikalischen Laien verständlichen Einblick in die Musik des Thomaskantors.

**Ein Hauch der Gottheit ist Musik**
Gedanken großer Musiker
Ausgewählt und herausgegeben von Meinrad Walter
112 S. Halbleinen
DM 24,80 öS 181,- sFr 23,-
ISBN 3-545-20155-4
Für alle Liebhaber der Tonkunst versammelt das Geschenkbuch erstmals persönliche Erfahrungen und Einsichten der Musiker.

**Fischer, Michael (Hrsg.)**
**Da berühren sich Himmel und Erde**
Musik und Spiritualität
Eine Anthologie
208 S. Gebunden
DM 36,80 öS 269,- sFr 34,-
ISBN 3-545-20140-6
Die spirituelle Dimension der Musik in einem vielstimmigen Konzert von der Antike bis zur Gegenwart.

*NEU*
**Musik sagt mehr als tausend Worte**
Musikalisches im Spiegel der Literatur
Herausgegeben und zusammengestellt von Meinrad Walter
Ca. 120 S. Halbleinen
DM 24,80 öS 181,- sFr 23,-
ISBN 3-545-20185-6
Dieser reizvolle Band vermittelt ein lebendiges Bild der Musik im Spiegel der Literatur und ist gleichzeitig

eine Hommage an eine Welt jenseits der Worte: ein Stück »Musik zum Lesen«.

**Was wäre das Leben ohne Musik**
Gedanken und Gedichte
Ausgewählt und herausgegeben von Michael Fischer
128 S. mit vier Vignetten. Halbleinen
DM 24,80 öS 181,- sFr 23,-
ISBN 3-545-20167-8
Berühmte Denker und Dichter kommen zu Wort, die ihre Gedanken zur Musik aus dem Erlebnis des Hörens heraus entfalten.

*Tonträger*

**Gibran, Khalil**
**Der Prophet**
Gelesen von Otto Sander
MC DM 19,95 öS 160,- sFr 19,95*
ISBN 3-530-26713-9
CD DM 29,95 öS 240,- sFr 29,95*
ISBN 3-530-26712-0
Eines der erfolgreichsten Kultbücher der letzten Jahrzehnte auf MC/CD.

**Der Herr ist mein Hirte**
Der 23. Psalm in Wort und Ton
Johannes Götz, Orgel
Götz Ertle, Saxophon
Schola Cantorum Neustadt
Karl-Rudolf Menke, Sprecher
CD mit Booklet
DM 29,95 öS 240,- sFr 29,95*
ISBN 3-545-97006-X
Durch Gesang und Orgelmusik, durch Rezitation der Psalmworte und meditativer Auslegungen wird der 23. Psalm neu zum Klingen gebracht.

**Höre Gott!**
Martin Gotthard Schneider improvisiert zu alten und neuen Psalmen
Sprecher: Rudolf Guckelsberger
CD mit Booklet
DM 29,95 öS 240,- sFr 29,95*
ISBN 3-545-97002-7

**Tagore, Rabindranath**
**Am Ufer der Stille**
Aus dem Bengalischen übersetzt von Martin Kämpchen mit Original-Vertonungen aus Bengalen
Gelesen von Otto Mellies
MC DM 19,95 öS 160,- sFr 19,95*
ISBN 3-545-97010-8
CD DM 29,95 öS 240,- sFr 29,95*
ISBN 3-545-97011-6
Die Lieder, Gedichte, Aphorismen und Dramen Tagores gehören zum Tiefsten, was die östliche Spiritualität der Neuzeit zu bieten hat.

Patmos Hörbuch siehe Prospekt
Hörbuch Best.-Nr. 89067-5

*Unverbindliche Preisempfehlung

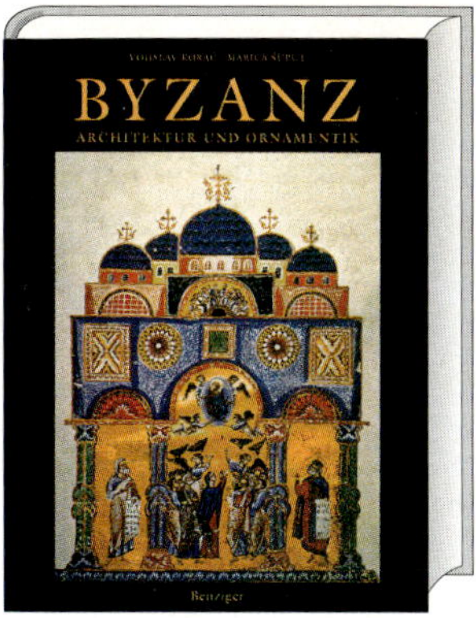


# *Kunst*

**Korac, Vojislav / Suput, Marcia**
**Byzanz**
Architektur und Ornamentik
216 S. mit 80 Farbtafeln und über 240 S/W-Abbildungen. Gebunden
DM 128,- öS 934,- sFr 114,-
ISBN 3-545-33156-3
Dieser schön gestaltete Band erläutert zehn Jahrhunderte byzantinischer Baukunst und Ornamentik, die in ihrer Pracht und Fülle die Menschen bis heute faszinieren. Mit über 300 Abbildungen.

**Velmans, Tania**
**Byzanz**
Malerei und Mosaike
320 S. Gebunden
DM 148,- öS 1080,- sFr 131,-
ISBN 3-545-33155-5
Von der frühbyzantinischen Ästhetik des 6. Jahrhunderts, ihrer klassischen Ausformung im 8. und 9., über den byzantinischen Humanismus des 13. Jahrhunderts bis zur Entfaltung der Malerei des 15. Jahrhunderts bietet dieser Band beeindruckende Bilder und Einsichten.

**Die Sixtinische Kapelle – Die Deckenfresken**
272 S. mit über 300 Farbabb.
Gebunden mit Schutzumschlag im Schuber.
Sonderpreis DM 79,- öS 577,- sFr 72,-
ISBN 3-545-34115-1
Die Bilder der Fresken nach der Restaurierung bringen die ungeahnte künstlerische Ausdruckskraft von Michelangelos Farben ans Tageslicht.

**Die Sixtinische Kapelle – Das Jüngste Gericht**
204 S. mit 120 Farbabb.
Gebunden mit Schutzumschlag im Schmuckschuber
Sonderpreis
DM 49,- öS 358,- sFr 45,50
ISBN 3-545-33151-2
Der einzige ausschließlich dem »Jüngsten Gericht« gewidmete Kunstband.

Ich /Wir bestellen über die Buchhandlung

| Expl. | Titel | Best.-Nr. |
| --- | --- | --- |
| | | |
| | | |
| | | |
| | | |
| | | |
| | | |
| | | |
| | | |

Fordern Sie bitte bei Interesse auch folgende Prospekte an:
Literatur Best.-Nr. 89063-2, Sachbuch Best.-Nr. 89064-0, Hörbuch Best.-Nr. 89067-5

Absender: ____________________

____________________

____________________

____________________

Datum/Unterschrift: ____________________

Bitte ausschneiden und in frankiertem Umschlag an Ihren Buchhändler oder an die Verlagsadresse einsenden:

Patmos Verlagshaus · Postfach 10 40 64 · 40031 Düsseldorf
Telefon 02 11/1 67 95-55 · Telefax 02 11/1 67 95-75
e-mail: service@patmos.de
Internet: http://www.patmos.de

**Patmos Verlagshaus:**
**PATMOS · ARTEMIS & WINKLER**
**BENZIGER · WALTER**

Auswahlkatalog. Stand Juni 2000. Preisänderungen und Liefermöglichkeit vorbehalten.

**Und die Hoffnung ging vor mir her**
128 S. Halbleinen mit Lesebändchen
DM 24,80 öS 181,- sFr 23,-
ISBN 3-530-10020-X

*NEU*
**Wenn die Liebe dir winkt, folge ihr**
Seine schönsten Worte über die Liebe
Ausgewählt und mit einem Nachwort versehen von Volker Fabricius
Ca. 112 S. mit vierfarbigen Bildern von Françoise Girardot Hiestand,
Halbleinen mit Lesebändchen
DM 24,80 öS 181,- sFr 23,-
ISBN 3-530-10022-6
Khalil Gibran ist der Dichter der Hoffnung und der Sehnsucht. Diese Sammlung vereint seine schönsten Texte, Gedanken und Wahrheiten zu dem großen, stets bewegenden Thema: die Liebe.

*Broschierte Ausgaben:*

**Abgründe des Herzens**
76 S. Broschur
DM 17,80 öS 130,- sFr 17,80
ISBN 3-530-26724-4

**Erde und Seele**
Ungewöhnliche Weisheiten
160 S. DM 29,80 öS 218,- sFr 27,50
ISBN 3-530-10003-X

**Gebrochene Flügel**
110 S. DM 19,80 öS 145,- sFr 19,80
ISBN 3-530-26717-1

**Geheimnisse des Herzens**
66 S. DM 17,80 öS 130,- sFr 17,80
ISBN 3-530-26723-6

**Die Götter der Erde**
64 S. DM 18,80 öS 137,- sFr 18,80
ISBN 3-530-26714-7

**Jesus Menschensohn**
Seine Worte und Taten, berichtet von Menschen, die ihn kannten
170 S. DM 29,80 öS 218,- sFr 29,80
ISBN 3-530-26716-3

**Der Narr**
Lebensweisheit in Parabeln
48 S. DM 17,80 öS 130,- sFr 17,-
ISBN 3-530-26721-X

**Der Prophet**
72 S. DM 19,80 öS 145,- sFr 19,80
ISBN 3-530-26719-8

**Rebellische Geister**
Geschichten
114 S. DM 19,80 öS 145,- sFr 19,80
ISBN 3-530-26726-0

**Das Reich der Ideen**
Aphorismen und Betrachtungen
110 S. DM 19,80 öS 145,- sFr 19,80
ISBN 3-530-26725-2

**Sand und Schaum**
Aphorismen. 64 S.
DM 17,80 öS 130,- sFr 17,80
ISBN 3-530-26722-8

**Die Stürme**
179 S. Sonderpreis DM 19,80
öS 145,- sFr 19,-
ISBN 3-530-10002-1

**Eine Träne und ein Lächeln**
183 S. DM 29,80 öS 218,- sFr 29,80
ISBN 3-530-26715-5

**Der Vorbote**
Gleichnisse und Gedichte
64 S. DM 15,80 öS 115,- sFr 15,80
ISBN 3-530-26728-7

**Die Musik und Der Reigen**
88 S. mit 8 vierfarbigen Bildern von Françoise Girardot Hiestand, Halbleinen mit Lesebändchen
DM 24,80 öS 181,- sFr 23,-
ISBN 3-530-10014-5

**Der Narr**
Lebensweisheit in Parabeln
64 S. mit 8 vierfarbigen Bildern von Françoise Girardot Hiestand, Halbleinen mit Lesebändchen
DM 19,80 öS 145,- sFr 19,-
ISBN 3-530-10015-3

**Die Nymphen der Täler**
Drei Novellen
96 S. Halbleinen mit Lesebändchen
DM 24,80 öS 181,- sFr 23,-
ISBN 3-530-10019-6

**Der Prophet**
144 S., durchgehend vierfarbig illustiert von Michele Ferri
Englische Broschur
DM 29,80 öS 218,- sFr 27,50
ISBN 3-530-10016-1
Noch nie wurde das erfolgreiche Kultbuch in so origineller Weise grafisch gestaltet wie in dem hier vorliegenden Buch.
CD siehe S. 10

**Der Prophet**
112 S. mit 12 vierfarbigen Bildern von Françoise Girardot Hiestand, Halbleinen mit Lesebändchen
DM 29,80 öS 218,- sFr 27,50
ISBN 3-530-10007-2

**Sand und Schaum**
Aphorismen
80 S. mit 8 Farbaquarellen von Françoise Girardot Hiestand, Halbleinen mit Lesebändchen
DM 24,80 öS 181,- sFr 23,-
ISBN 3-530-10018-8
Gibrans Einsichten über Endliches und Ewigkeit – kombiniert mit leuchtenden, spontanen Aquarellen.

**Die sieben Worte der Weisheit**
120 S. mit 7 vierfarbigen Bildern von Françoise Girardot Hiestand
Halbleinen mit Lesebändchen
DM 29,80 öS 218,- sFr 27,50
ISBN 3-530-10004-8

**da Silva Neto, Silvino Alves**
**Der Eremit**
Gespräche am Rande des Meeres
120 S. Englische Broschur
DM 22,80 öS 166,- sFr 22,80
ISBN 3-530-82130-6

**Tagore, Rabindranath**
**Am Ufer der Stille**
Ausgewählt, eingeleitet und aus dem Bengalischen übersetzt von Martin Kämpchen
Mit Fotos von Samiran Nandy und Andreas Hoffmann
104 S. mit 25 Duotone-Tafeln.
Gebunden. Sonderpreis
DM 19,80 öS 145,- sFr 19,-
ISBN 3-545-33148-2

*NEU*
**Der Traum des Schmetterlings**
Taoistische Weisheit
Herausgegeben, aus dem Chinesischen übersetzt und zusammengestellt von Wolfgang Ommerborn
Ca. 120 S. Halbleinen
DM 24,80 öS 181,- sFr 23,-
ISBN 3-545-20183-X
Die hier versammelten Geschichten – manche sind älter als 2000 Jahre – gehören zu den schönsten literarischen Zeugnissen des Taoismus. Sie sind humorvoll, feinsinnig und voller Lebensweisheit.

*NEU*
**Die Weisheit des Rabbi Nachman**
Erzählungen und Aphorismen
Herausgegeben von Martin Cunz
Ca. 120 S. Halbleinen
DM 24,80 öS 181,- sFr 23,-
ISBN 3-545-20184-8
Die versammelten Texte enthalten Weisheiten,Lehrsprüche und kurze Erzählungen des Rabbi Nachman von Bratzlaw (1772–1810), eine der schillerndsten Figuren des Chassidismus.

## Khalil Gibran

*Geschenkausgaben:*

**Liebesbriefe an May Ziadeh**
Aus dem Arabischen übertragen und eingeleitet von Ursula Assaf-Nowak und S. Yussuf Assaf
120 S. mit diversen Farbabbildungen von Khalil Gibran. Gebunden
DM 29,80 öS 218,- sFr 27,50
ISBN 3-530-10021-8
Die Briefe von Khalil Gibran an May Ziadeh sind literarische Zeugnisse einer einzigartigen Seelenverwandtschaft zweier Schriftsteller, die einander nie persönlich begegnet sind.

tagen, poetische Naturbeobachtungen und kluge Lebensweisheiten.

**Schultz, Hans Jürgen**
**Das Leben leise lernen**
Auf den Spuren einer vergessenen Kunst
160 S. Gebunden
DM 29,80 öS 218,- sFr 27,50
ISBN 3-545-20138-4
Ein ansprechendes und anspruchsvolles Brevier der Lebenskunst auf hohem literarischen Niveau.

**Schuon, Frithjof**
**Perlen des Pilgers**
Weisheitstexte
Zusammengestellt von Felix Bieri
100 S. Halbleinen
DM 24,80 öS 181,- sFr 23,-
ISBN 3-545-20179-1
Ein schön gestalteter Band, eine Aufforderung zum Innehalten und zur Kontemplation über die großen, hinter allen Religionen und Konfessionen aufscheinenden Wahrheiten.

**Schwarz, Ernst (Hrsg.)**
**Die Glocke schallt, die Glocke schweigt**
Buddhistische Weisheit
192 S. Halbleinen
DM 29,80 öS 218,- sFr 27,50
ISBN 3-545-20163-5
Klassische, traditionelle und neuere buddhistische Texte wie Koans, Sutren, kurze Erzählungen und Mönchsbiographien.

**Schwarz, Ernst**
**Das Leben des Bodhidharma**
Der Stifter des Zen
256 S. Gebunden
DM 39,80 öS 291,- sFr 37,-
ISBN 3-545-20170-8
Eine spirituelle Biographieerzählung über den Stifter des Zen und den Reichtum buddhistischer Weisheit.

**Seattle**
**Wir sind ein Teil der Erde**
Die Rede des Häuptlings Seattle
64 S. durchgehend illustriert von Joelle Lanoe. Halbleinen
DM 19,80 öS 145,- sFr 19,-
ISBN 3-545-20162-7
Der Best- und Longseller indianischer Weisheit zur Achtung und Bewahrung der Natur – als schöner Geschenkband mit vielen indianischen Motiven illustiert.
**Ausgabe Broschur**
DM 11,- öS 80,- sFr 11,-
ISBN 3-530-81051-7

**Die Seele ist wie ein Wind**
Weisheit der Religionen
Zusammengestellt von Monika und Udo Tworuschka
104 S. Halbleinen
DM 24,80 öS 181,- sFr 23,-
ISBN 3-545-20166-X
Die großen Themen der Menschheit, die sich in den unterschiedlichen Kulturen und Gottesbeziehungen auf je eigene Weise widerspiegeln.

**Leih mir dein Ohr**
Gebete aus aller Welt
Zusammengestellt von
Monika und Udo Tworuschka
140 S. Halbleinen
DM 24,80 öS 181,- sFr 23,-
ISBN 3-545-20174-0
Die Sammlung vereint Gebete aus den großen Weltreligionen: Buddhismus, Christentum, Hinduismus, Judentum, aber auch Gebete von Sikhs, Parsen, japanischen Shintogläubigen und Indianer-Traditionen.

**Die letzte Reise des Propheten**
Was Khalil Gibran zu erzählen vergaß
Eine Erzählung von Jonas Bühler
60 S. Halbleinen
DM 19,80 öS 145,- sFr 19,-
ISBN 3-545-20176-7
Khalil Gibrans weltberühmtes Buch »Der Prophet« endet mit der Abreise von Almustafa aus Orphalese. Jonas Bühler hat es nun unternommen, die Geschichte des Propheten in der Sprache Gibrans weiter zu erzählen.

**Lewis, C. S.**
**– Gespräch mit Gott**
Gedanken zu den Psalmen
Mit einem Vorwort von Erich Zenger
152 S. Gebunden
DM 29,80 öS 218,- sFr 27,50
ISBN 3-545-20152-X

**– Über die Trauer**
Mit einem Vorwort von Verena Kast
Lebensfunken, Band 1
96 S. Gebunden
DM 19,80 öS 145,- sFr 19,-
ISBN 3-545-20141-4

**de Saint-Exupéry, Antoine**
**– Botschaft der Wüste**
Ausgewählt von Peter Schifferli
98 S. Halbleinen
DM 24,80 öS 181,- sFr 23,-
ISBN 3-545-20175-9
Die spirituelle Dimension, die die Wüste für Saint-Exupéry hat, zeigt sich vor allem in diesem kleinen Band, der die schönsten Passagen aus seinem posthum veröffentlichten Buch »Die Stadt in der Wüste« (1948) versammelt.

**– Man kennt nur die Dinge, die man zähmt**
Zusammengestellt von Rainer Thuß
128 S. Halbleinen
DM 24,80 öS 181,- sFr 23,-
ISBN 3-545-20150-3
Wunderbare Gedanken, Sinnsprüche und nachdenklich stimmende Textpassagen über den langen Weg zur Selbsterkenntnis.

**– Was du gibst,macht dich nicht ärmer**
Zusammengestellt von Rainer Thuß
144 S. Halbleinen
DM 24,80 öS 181,- sFr 23,-
ISBN 3-545-20160-0
Dieser Band vereint spannende Repor-

**Jest, Corneille**
**Karma, der Geschichtenerzähler**
Tibetische Legenden
264 S. mit 10 Illustrationen
Gebunden
DM 39,80 öS 291,- sFr 37,-
ISBN 3-545-20172-4
Auf einer Pilgerreise lässt Karma mit seinen Erzählungen den bunten Kosmos tibetischer Legenden lebendig werden.

**C. G. Jung**
**Über die Liebe**
104 S. Halbleinen
DM 24,80 öS 181,- sFr 23,-
ISBN 3-530-41003-9
In der vorliegenden Auswahl von Kurztexten und Zitaten aus C. G. Jungs Werk finden sich seine wesentlichen Gedanken zum Thema Liebe.

**Jung, Mathias**
**Der Kleine Prinz in uns**
Eine Entdeckungsreise
mit Saint-Exupéry
128 S. Gebunden
24,80 DM öS 181,- sFr 23,-
ISBN 3-545-20171-6
Mathias Jung zeigt in eindrück-licher Weise auf, dass »Der Kleine Prinz« von Saint-Exupéry die Men-schen so fasziniert, weil in uns allen ein Stück von ihm verschüttet liegt.

**King, Martin Luther**
**Ich habe einen Traum**
Ausgewählt und herausgegeben
von Hans-Eckehard Bahr und
Heinrich Grosse
140 S. Halbleinen
DM 24,80 öS 181,- sFr 23,-
ISBN 3-545-20165-1

**Kurz, Paul Konrad (Hrsg.)**
**Höre Gott!**
Psalmen des Jahrhunderts
288 S. Gebunden
DM 39,80 öS 291,- sFr 37,-
ISBN 3-545-20137-6
Zeitgenössische Gebete u.a. von: Rainer Maria Rilke, Else Lasker-Schüler, Hermann Hesse, Nelly Sachs, Rose Ausländer, H.M. Enzensberger, Kurt Tucholsky.
CD siehe S. 10

# *Spiritualität und Literatur*

*NEU*
**Die Erde spendet allen Leben**
Gedanken zur Natur
Herausgegeben von Monika und Udo Tworuschka
Ca. 112 S. Halbleinen
DM 24,80 öS 181,- sFr 23,-
ISBN 3-545-20187-2
Die Herausgeber öffnen den Blick für das Zusammenwirken von Mensch und Natur, dem der Mensch sich nicht entziehen kann und nicht entziehen soll.

**Gandhi, Mahatma**
**Aus der Tiefe des Herzens**
Ausgewählt und übersetzt von Henrike Rick. Eingeleitet und herausgegeben von Martin Kämpchen
144 S. Halbleinen
DM 29,80 öS 218,- sFr 27,50
ISBN 3-545-20164-3

**Khalil Gibran und seine Freunde**
**Im Schatten der Zedern**
Worte der Weisheit
Hrsg. von Ursula Assaf-Nowak
128 S. Halbleinen
DM 24,80 öS 181,- sFr 23,-
ISBN 3-545-20161-9

*NEU*
**Das Glück liegt in dir selbst**
Eine literarische Glückssuche
Unternommen von Luise und Rainer Thuß
Ca. 128 S. Halbleinen
DM 24,80 öS 181,- sFr 23,-
ISBN 3-545-20186-4
Eine schöne Textsammlung aus dem reichen Schatz der großen Literatur.

**Das Glück spricht viele Sprachen**
Eine literarische Textsammlung
Zusammengestellt von Luise und Rainer Thuß
140 S. Halbleinen
DM 24,80 öS 181,- sFr 23,-
ISBN 3-545-20173-2
Die Herausgeber haben die schönsten Texte der Weltliteratur gesammelt. Der Band zeigt den gewaltigen Facettenreichtum dessen, was Menschen als Glück erfahren.

**Haag, Herbert / Elliger, Katharina**
**Wenn er mich doch küßte**
Das Hohelied der Liebe
112 S. mit 6 farbigen Illustrationen von Marc Chagall
DM 36,80 öS 269,- sFr 34,-
ISBN 3-545-34121-6

**Halbfas, Hubertus**
Der Sprung in den Brunnen
Eine Gebetsschule
200 S. Gebunden
DM 32,- öS 234,- sFr 29,50
ISBN 3-491-77985-5

# Zum Verschenken schön

wieder in die Sitzbank gezwungen werden. Denn das Fugenthema war von einer so gigantischen Erfindungskunst und Länge, daß man glauben mußte, auf der Empore gehe es mit übernatürlichen Dingen zu. Das Thema bestand aus den Grundtönen des zu improvisierenden Chorals, hatte aber eine so filigran-träumerische Gestimmtheit, daß ein jüngeres Weib auf der Evangelienseite zu Recht ausrief: »Ich sehe den Himmel!« Und das Thema wollte nicht mehr enden, schwang von der einen Sequenz zur anderen, immer höher und immer duftiger, bis es schließlich in die Dominante pendelte, auf welcher die zweite Stimme dasselbe Spiel von vorne beginnen durfte.

Was er an Fugentechnik von seinen Vorspielern abgelauscht, das stellte er jetzt mit Leichtigkeit in die eigene Konzeption. Er hatte gelernt, daß das Thema in zyklischer Weise wiederauftaucht, und zwar in einem ganz bestimmten Tastenzahlverhältnis zum vorangegangenen Einsatz. Dem ministrantischen Ernst seiner Vorgänger hielt er ausgelassenes Figurenwerk entgegen. Eine Apotheose des Himmels wollte er malen und eine Engelsleiter, welche unablässig höher in den Zustand des Paradiesischen führte, wo das irdische Licht schwächer und der Glanz der Vollendung immer breiter und leuchtender wurde. Die Fuga des Elias Alder glich einem riesigen, sich schnell dahinwälzenden Wasser, das stetig größer und voller wurde und schließlich in der Ewigkeit des Meeres endete.

Goller, der sich um keinen Preis in Trance hatte verbringen lassen, wenngleich er sich immer wieder in den Unterarm kneifen mußte, zählte nun schon die achte Themendurchführung in einem kontrapunktischen Strickwerk von insgesamt sieben sich frei bewegenden Stimmen. Und Goller verfluchte seinen alten Lehrmeister, den hochberühmten Cantor Rheinberger, der ihn einst gelehrt hatte, daß eine Fuga nicht mehr als fünf Stimmen ausweisen dürfe, ansonsten sie ein zu akkordisches Gefälle erhalte, die einzelnen Linien nicht mehr transparent erschienen. »Welch ein Schwachkopf seid Ihr gewesen, Meister Rheinberger!« grollte er in sich hinein und riß sich ein Haar aus dem Zwirbelschnurrbart heraus.

ITALO SVEVO

## *Auf den vier Saiten der Geige*

Nun kam der Augenblick, da Guido seine Geige verlangte. Er brauchte an diesem Abend keine Begleitung, denn er spielte die Chaconne. Ada reichte ihm die Geige mit dankbaren Augen. Er aber sah nicht auf sie, sondern nur auf das Instrument, als wollte er mit sich und seiner künstlerischen Inspiration allein bleiben. Er stellte sich in die Mitte des Salons, drehte einem Großteil der Gesellschaft den Rükken, berührte die Saiten leicht mit dem Bogen, um sie zu stimmen, und zupfte sie. Dann unterbrach er diese Tätigkeit mit einem Lächeln:

»Ich bin sehr mutig. Man muß bedenken, daß ich die Geige seit dem letzten Mal, da ich hier war, überhaupt nicht angerührt habe.«

Der Komödiant! Er wandte auch Ada den Rücken. Ich betrachtete sie genau, um herauszubekommen, ob sie darunter litt. Es machte nicht den Eindruck. Sie stützte sich mit dem Ellbogen auf einen Tisch, hielt die Hand ans Kinn und war einfach bereit zu hören.

Dann tauchte der große Bach in eigener Person auf. Niemals, weder vorher noch nachher, habe ich die Schönheit dieser Musik in solchem Maße empfunden. Sie erstand unglaublicherweise aus diesen einfachen vier Saiten, wie ein Engel Michelangelos aus einem Marmorblock. Der Zustand, in den ich geriet, war mir völlig neu. Er verleitete mich, ekstatisch, wie zu einer ungeheuren Entdeckung, aufzublicken. Und doch kämpfte ich mit aller Gewalt, um diese Musik von mir fernzuhalten. Ununterbrochen dachte ich: »Sei auf der Hut! Die Geige ist eine Sirene. Mit ihr kann man die Menschen zum Weinen bringen, auch wenn man selber kein fühlendes Herz hat.« Aber die Musik überwältigte mich dennoch und hielt mich gefangen. Sie schilderte meine Krankheit voll Güte, erzählte sanft von meinen Schmerzen und beschwichtigte sie mit Lächeln und Liebkosungen. Aber es war Guido, der aus ihr sprach. Ich suchte mich gegen diesen Einfluß zu wehren, indem ich mir unaufhörlich vorhielt: um das zu erreichen, genügt es ja, den natürlichen Rhythmus eines gesunden Organismus, eine sichere Hand und etwas Nachahmungstalent zu haben; dies alles besitze ich nicht, was aber keine Minderwertigkeit, sondern ein unglücklicher Zufall ist.

So protestierte ich. Doch Bach kam wie das Schicksal über mich. Er sang in der Höhe voll Leidenschaft und glitt dann plötzlich in die Tiefe, eigenwillig und überraschend, obzwar Herz und Gehör dies hätten vorausahnen müssen: es mußte eben so sein. Einen Augenblick zu spät – und der Gesang wäre zerstört gewesen, der Nachklang hätte ihn nicht mehr erreicht; einen Augenblick zu früh – und der Nachklang hätte den ganzen Gesang verdrängt, erdrosselt. Aber Guido konnte so etwas nicht passieren: niemals zitterte ihm der Arm, auch nicht Bach gegenüber. Und das halte ich für eine Minderwertigkeit.

# *Laute*

Ich spiele auf der Laute Erinnerung. Sie ist ein geringfügiges Instrument mit immer einem und demselben Klang. Dieser Klang ist bald lang, bald kurz, bald träge, bald hurtig. Er atmet in ruhigen Zügen, oder er setzt in einem hastigen Sprung über sich selber hinweg. Er ist traurig und lustig. Das Sonderbare ist nur, daß, wenn er schwermütig klingt, er mich lachen macht, daß, wenn er lustig ist und springt, ich dabei weinen muß. Gab es jemals solchen Ton? Wurde jemals auf so wunderlichem Instrument gespielt? Es ist kaum in die Hand zu nehmen, das Instrument; die Hände, selbst die weichsten und feingebildeten, sind zu rauh dafür. Es hat unaussprechlich dünne, zarte Saiten. Haare sind Halftern dagegen. Es gibt einen Knaben, der darauf zu spielen weiß; und ich, der ich Zeit habe, auf der Lauer zu liegen, ich horche ihm zu. Er spielt Tag und Nacht, ohne an Essen und Trinken zu denken, in die Nacht und in den Tag hinein. Vom Tag in die Nacht und von der Nacht in den Tag hinein. Die Zeit muß ihm nur dazu da sein, sie wie einen Ton an sich vorbeiwehen zu lassen. So wie ich auf ihn horche, den Spielenden, so horcht er, der Spieler, die ganze Zeit lang auf seine Geliebte, den Klang seines Instruments. Noch nie lag ein Verliebter so treu, so beständig auf der Lauer. Wie süß ist es, dem Lauernden aufzulauern, den Verliebten zu sehen, den Vergessenen an seiner Seite zu fühlen. Der Knabe ist Künstler, die Erinnerung sein Instrument, die Nacht sein Raum, der Traum seine Zeit; und die Töne, denen er das Leben gibt, sind seine eifrigen Diener, die von ihm reden in der Welt begieriger Ohren. Ich bin nur noch Ohr, unsäglich ergriffenes Ohr.

# *Geist des Gesangs*

Der Sänger fährt aus schönen Träumen
Mit froher Ungeduld empor;
Er wandelt unter hohen Bäumen
Zu des Palastes ehrnem Tor.
Die Mauern sind wie Stahl geschliffen,
Doch sie erklimmt sein Lied geschwind,
Es steigt, von Lieb' und Weh ergriffen,
Zu ihm hinab des Königs Kind.

Die Liebe drückt sie fest zusammen,
Der Klang der Panzer treibt sie fort;
Sie lodert auf in süßen Flammen
Im nächtlich stillen Zufluchtsort.
Sie halten furchtsam sich verborgen,
Weil sie der Zorn des Königs schreckt;
Und werden nun von jedem Morgen
Zu Schmerz und Lust zugleich erweckt.

Der Sänger spricht mit sanften Klängen
Der neuen Mutter Hoffnung ein;
Da tritt, gelockt von den Gesängen,
Der König in die Kluft hinein.
Die Tochter reicht in goldnen Locken
Den Enkel von der Brust ihm hin;
Sie sinken reuig und erschrocken,
Und mild zergeht sein strenger Sinn.

Der Liebe weicht und dem Gesange
Auch auf dem Thron ein Vaterherz
Und wandelt bald in süßem Drange
Zu ewger Lust und tiefem Schmerz.

Die Liebe gibt, was sie entrissen,
Mit reichem Wucher bald zurück,
Und unter den Versöhnungsküssen
Entfaltet sich ein himmlisch Glück.

Geist des Gesangs, komm du hernieder,
Und steh auch jetzt der Liebe bei;
Bring die verlorne Tochter wieder,
Daß ihr der König Vater sei! –
Daß er mit Freuden sie umschließet
Und seines Enkels sich erbarmt,
Und wenn das Herz ihm überfließet,
Den Sänger auch als Sohn umarmt.

CLEMENS BRENTANO

# *Hör, es klagt die Flöte wieder*

Hör', es klagt die Flöte wieder,
Und die kühlen Brunnen rauschen.
Golden wehn die Töne nieder,
Stille, stille laß uns lauschen!

Holdes Bitten, mild Verlangen,
Wie es süß zum Herzen spricht!
Durch die Nacht, die mich umfangen,
Blickt zu mir der Töne Licht.

# *Von Hust-Arien und Alpenkräuter-Triolen*

Dunkles und Skurriles
aus dem Reich der Tonkunst

JORIS-KARL HUYSMANS

# *Monsieur Des Esseintes und seine Mundorgel*

Er begab sich in das Speisezimmer, wo ein in eine Zwischenwand eingelassener Schrank auf winzigen Sandelholzgestellen eine Reihe kleiner, nebeneinander stehender Fäßchen enthielt, deren Unterbauch von silbernen Hähnen durchbohrt war.

Er nannte diese Versammlung von Likörfäßchen seine Mundorgel.

Eine Stange konnte alle Hähne erreichen und sie einer einzigen Bewegung unterwerfen, so daß man, war die Stange erst einmal eingeschoben, nur noch auf einen in der Holzverkleidung verborgenen Knopf zu drücken brauchte, damit alle zugleich aufgedrehten Hähne die unter ihnen unsichtbar aufgestellten Becher mit Likör füllten.

Die Orgel stand jetzt offen. Die Register mit den Schildchen »Flöte«, »Horn« und »Celesta« waren herausgezogen und betriebsbereit. *Des Esseintes* trank hier und da einen Tropfen, spielte sich innere Symphonien vor und verschaffte sich so in der Kehle Empfindungen, die denen entsprachen, die die Musik dem Ohr vermittelt.

Ihm zufolge entsprach nämlich der Geschmack eines jeden Likörs dem Klang eines Instruments: der trockene Curaçao zum Beispiel der Klarinette, deren Gesang säuerlich und samten ist; der Kümmel der Oboe, deren sonores Timbre näselnd klingt; Pfefferminz- und Anislikör der Flöte, die sich zugleich zuckersüß und gepfeffert, piepsig und lieblich anhört, wohingegen der Kirsch, um das Orchester zu vervollständigen, den zornigen Ton der Trompete hat. Gin und Whisky feuern den Gaumen an mit ihrem durchdringenden Horn- und Posaunenschall; Tresterschnaps explodiert wie das ohrenbetäubende Getöse der Tuben, während die Rakis von Chios und die Mastixliköre den Donner der mit ganzer Wucht geschlagenen Becken und Trommeln in der Mundhaut rollen lassen.

Er glaubte auch, daß diese Ähnlichkeiten noch erweitert werden, daß Streichquartette in der Gaumenhöhle erklingen konnten mit der Violine, die der alte, rauchige und feine, schrille und zarte Branntwein vertrat; mit der Bratsche, die der robustere, brummigere und dumpfere Rum vortäuschte; mit dem wie ein Cello so schmerzlichen und langanhaltenden, so wehmütigen und schmeichlerischen Magenbitter; mit dem Kontrabaß, so reichhaltig, gediegen und schwarz wie alter, reiner Bitter. Man konnte gar, wollte man ein Quintett bilden, ein fünftes Instrument, die Harfe, hinzunehmen, der durch eine plausible Verwandtschaft die vibrierende Würze und blasierte, schlanke argentinische Note des trockenen Kümmels entsprach.

Die Ähnlichkeit ging noch weiter: in der Musik der Liköre gab es Tongeschlechter. So stellte, um nur eine Tonart anzuführen, der Benediktiner sozusagen den Mollton der Spirituosen dar, deren Durton in den Partituren der Händler mit dem Vorzeichen der grünen Chartreuse versehen wird. Nun, da er diese Gesetze aufgestellt hatte, war es ihm dank gelehrter Versuche gelungen, sich auf der Zunge stumme Melodien und schweigende, pompöse Trauermärsche zu spielen und in seinem Mund Pfefferminzlikörsoli und Magenbitter- und Rumduos zu hören.

Es glückte ihm sogar, sich wirkliche Musikstücke in den Kiefer zu übertragen, indem er dem Komponisten Schritt für Schritt folgte und dessen Gedanken, beabsichtigte Wirkungen und Nuancen durch Vereinigungen oder Gegenüberstellungen verwandter Liköre und durch sich annähernde und kunstvolle Mischungen wiedergab.

Früher komponierte er auch selbst Melodien, verfaßte er ländlich-idyllische Tonsätze mit dem gutmütigen Johannisbeerlikör, der ihm die perlenden Koloraturen der

Nachtigall in die Kehle steigen ließ, und mit dem zarten Kakao-Schuwa, der sirupartige Schäferlieder wie die ›Romances d'Estelle‹ und das ›Ah! vous dirai-je, Maman‹ der guten alten Zeit trällerte.

Doch an diesem Abend verspürte *Des Esseintes* nicht die geringste Lust, den Geschmack der Musik zu hören. Er begnügte sich damit, der Tastatur seiner Orgel nur eine Note zu entlocken, indem er sich einen kleinen Becher mitnahm, den er zuvor mit echtem irischen Whiskey gefüllt hatte.

Er schmiegte sich wieder in seinen Sessel und sog bedächtig schnuppernd den vergorenen Hafer- und Gerstensaft ein. Ein starker Kreosotgeschmack verpestete ihm den Mund.

Beim Trinken folgten seine Gedanken allmählich der von seinem Gaumen beschworenen Empfindung, sie hielten Schritt mit der Würze des Whiskey und weckten, angeregt durch die unheilvolle Genauigkeit des Geschmeckten, seit Jahren versunkene Erinnerungen.

MARCEL PROUST

# *Lobrede auf die schlechte Musik*

Hasset die schlechte Musik, verachtet sie nicht. Da man sie häufiger spielt oder singt und viel leidenschaftlicher als die gute, hat sie nach und nach den Traum und die Tränen der Menschen in sich aufgenommen. Deshalb gebührt ihr eure Ehrfurcht. So unbedeutend ihre Stellung in der Geschichte der Kunst ist, so unermeßlich ist sie in der sentimentalen Geschichte der Gesellschaft. Die Achtung (ich sage nicht, die Liebe) für die schlechte Musik ist nicht nur eine Form dessen, was man die Barmherzigkeit des guten Geschmacks oder dessen Skeptizismus nennen könnte, sie drückt auch das Bewußtsein aus von der Bedeutung der sozialen Rolle der Musik. Wie viele in den Augen eines Künstlers wertlose Melodien hat die Menge der jungen, romantischen und verliebten Leute sich nicht zu Vertrauten erwählt. Wie viele »Goldringelein« und »Ah, vom Schlummer lange gewiegt« in Notenheften, deren Blätter Abend für Abend von zu Recht berühmten Händen zitternd gewendet werden; und die schönsten Augen der Welt benetzen sie mit Tränen, um deren melancholischen und lustvollen Tribut sie der reinste Meister beneiden würde – geistvolle und begeisternde Vertraute, die den Kummer veredeln und den Traum überhöhen und im Austausch mit dem glühenden Geheimnis, das man ihnen anvertraut, die berauschende Illusion der Schönheit geben. Wie das Volk, das Bürgertum, die Armee und der Adel die gleichen Briefträger haben, Träger der Trauer, die sie trifft, oder des Glücks, das sie erfüllt, so haben sie auch die gleichen unsichtbaren Liebesboten, die gleichen vielgeliebten Beichtväter. Es sind die Komponisten von schlechter Musik. Irgend so eine ärgerliche alte Leier, der sich jedes wohlgeborene und wohlerzogene Ohr augenblicklich verschließt, hat den Schatz von Tausenden von Seelen empfangen, bewahrt das Geheimnis von Tausenden von Leben; sie war deren lebendige Begeisterung, deren Trost, auf dem Notenpult des Klaviers, immer bereit, aufgeschlagen zu werden, deren träumerische Anmut und deren Ideal. Irgend so eine Arpeggienpassage oder irgend so ein wiederkehrendes Motiv haben in der Seele von mehr als einem Verliebten oder Träumer die Harmonien des Paradieses oder die eigene Stimme der Geliebten zum Klingen gebracht. Ein Heft mit schlechten Romanzen, das von zu häufigem Gebrauch abgenützt ist, sollte uns bewegen wie ein Friedhof oder wie ein Dorf. Was macht es aus, wenn die Häuser keinen Stil haben und die Gräber unter den geschmacklosen

Inschriften und Ornamenten verschwinden. Aus diesem Staub kann vor den Augen einer einfühlsamen und achtungsvollen Phantasie, wenn sie für einen Augenblick ihre ästhetische Geringschätzung zum Schweigen bringt, sich der Schwarm der Seelen erheben, im Schnabel den noch grünen Zweig des Traums, der sie die andere Welt erahnen und sie in dieser genießen und weinen ließ.

HERMANN BURGER

## *Schramm bewirbt sich als Orchesterdiener*

... ist der Orchesterdiener nicht des Maestros Gegenstück? Es ist leider ein offenes Geheimnis, daß gerade die sogenannten Tutti-Geiger, die es nie zum Einzelvirtuosen gebracht haben, einander während des Symphonierens bekämpfen. Solche Duellanten, wie sie im Fachjargon genannt werden, darf der Orchesterdiener nicht auch noch gegeneinander aufhetzen, indem er den einen mit erstklassigem, den andern mit Occasions-Kollophonium versorgt. Und im Aufspüren und Durchexerzieren solch winziger Ungerechtigkeiten war [der verstorbene Orchesterdiener] Urfer ja bekanntlich ein Genie. Urfer hat, wegen seiner Beschlagenheit in der Instrumentenkunde, genau gewußt, wo man die empfindliche Stelle eines Baßtubisten suchen muß. Jeder Baßtubist wird unweigerlich zum Choleriker, wenn man ihm mit konstanter Bosheit vor jedem Einsatz Piccolotrillerzappeleien unter der Nase aufführt. Schramm wird, erst einmal gewählt, und wenn seine Berufung hintertrieben werden sollte, wird man zumindest die Maßstäbe, die er durch seine Kandidatur setzte, in der Direktion und auch im Ensemble nicht so rasch vergessen, dergestalt, daß jeder Sprengkandidat, walte er noch so mit

Leib und Seele seines Amtes, an diesen Maßstäben, ohne sie im einzelnen zu kennen, scheitern muß, aufräumen mit den parteiischen Sticheleien im Bedienungsstil gegenüber gewissen Philharmonikern. Er wird dem Blech zu geben wissen, was des Bleches ist. (...)

Unmittelbar vor Aufführungsbeginn ist die Sabotierlust des Orchesterdieners die größte, die Versuchung, jetzt, da sich alle vor dem Bühneneingang drängen, noch schnell mit dem Flachzänglein eine Saite abzuklemmen, ist so stark, daß er seine Hände hinter dem Rücken ineinander verknoten muß. Die Philharmoniker kommen ja, was ich Ihnen nicht zu sagen brauche, als wandelnde Instrumente die Treppe herauf, fiedelnd, dudelnd, quäkend. Ein Fußtritt gegen die Holzdecke, und man hat beide getroffen: den Cellisten und das Cello. Kaum hat jedoch das Stück begonnen, schrumpft die Macht des Orchesterdieners kläglich zusammen. Die Musiker haben sich in ihre Sphäre hinübergerettet, haben ihn, den Handlanger, auf dem Friedhof der plüschgefütterten Kasten und Koffer zurückgelassen. Sie kümmern sich mit der ganzen Genialität und Werkimmanenz der Beethovenschen Fünften nicht mehr um ihn. Ensemble und Publikum philharmonieren miteinander, über das vergoldete Scharnier des Dirigenten. Schramm hat in dieser perfekten Kultursymmetrie nichts mehr zu suchen. Darum, Schuster bleib bei deinem Leisten, mit Kistenbrettern hast du es zu tun, nicht mit Polyhymnia und Terpsichore!

ALFRED BRENDEL

# *Köln*

Die Huster von Köln
haben sich mit den Kölner Klatschern
zu einer Hust- und Klatschgesellschaft zusammen-
geschlossen
deren erklärtes Ziel es ist
die Hust- und Klatschrechte
der Kölner Konzertbesucher wahrzunehmen
Der Versuch verständnisloser Künstler und Veranstalter
solche Privilegien in Frage zu stellen
mußte eine Hust- und Klatsch-Initiative
zur Folge haben
Den Mitgliedern des Hust- und Klatschvereins
obliegt genaueste Kenntnis der Musikstücke
damit nach feierlichen Schlüssen unverzüglich geklatscht
und bei leisen Stellen
zumal in der lähmenden Stille von Generalpausen
deutlich gehustet werden kann
Die Deutlichkeit des Hustens
ist oberste Vereinspflicht
schamhafte Verbergung desselben
oder gar selbstquälerische Unterdrückung eines so
natürlichen Vorgangs
bei Strafe des Ausschlusses untersagt
Wiederholter Serien- oder Dauerhusten
wird mit der »Huste nur«-Medaille prämiiert
Der neuerdings stattfindende Kontakt der Kölner HKG
mit den New Yorker Niesern
und den Frankfurter Jungpfeifern
läßt für das Kölner Musikleben
auch in Zukunft
Großes erwarten

ELFRIEDE JELINEK

## *Klavier-Dressur*

Die Mutter macht eine spitze Bemerkung, daß SIE, ließe man es ihr ohne weiteres durchgehen, für einen jungen Mann sicher mehr Eifer an den Tag legte als für das Klavierspiel. Dieses Klavier hier muß jedes Jahr neu gestimmt werden, denn in diesem rauhen Alpenklima läßt es die beste Stimmung gleich wieder unter sich. Der Stimmer kommt aus Wien angereist, mit der Bahn, und keucht den Berg hinan, wo einige Irre behaupten, einen Flügel hingestellt zu haben, auf tausend Meter Seehöhe! Der Stimmer prophezeit, daß dieses Gerät bestenfalls noch ein, zwei Jahre beackert werden kann, dann haben es der Rost und die Fäulnis und der Schimmelpilz im Verein traulich aufgefressen. Die Mutter achtet auf gute Stimmung des Instruments, und auch an den Wirbeln der Tochter dreht sie unaufhörlich herum, nicht besorgt um die Stimmung des Kindes, sondern allein um ihren mütterlichen Einfluß auf dieses störrische, leicht verbildbare, lebendige Instrument.

Die Mutter besteht darauf, daß die Fenster beim sogenannten »Konzertgeben«, jener süßen Belohnung für braves Üben, stets weit geöffnet sind, damit die Nachbarn ebenfalls in den Genuß süßer Weisen gelangen. Mutter und Omutter stehen, mit dem Fernglas bewaffnet, hoch droben und beobachten, ob die Nachbarbäuerin samt Verwandtschaft auch ruhig und diszipliniert vor ihrer Kate auf dem Hausbankerl sitzt und ordentlich lauscht. Die Nachbarin will Milch, Topfen, Butter, Eier und Gemüse verkaufen und muß sich daher zum Zuhören vor das Haus begeben. Die Großmutter lobt, daß die alte Nachbarin endlich Muße hat, die Hände in den Schoß zu legen und auf Töne zu hören. Darauf hat sie ihr Leben lang gewartet. Im Alter hat sie es erreicht. Gar so schön war es wieder. Die

Sommergäste scheinen ebenfalls daneben zu sitzen und auf den Brahms zu horchen. Sie bekommen, tönt die Mutter fröhlich, garantiert echte frische Musik zu ihrer garantiert echten kuhwarmen Milch dazugeliefert. Heute wird der Bäuerin und ihren Gästen der frisch ins Kind eingepflanzte Chopin vorgetragen. Die Mutter mahnt, daß das Kind schön laut spielen soll, denn die Nachbarin wird langsam ein wenig taub. Die Nachbarn hören also eine neue Melodie, die sie bisher noch nicht kannten. Noch oft werden sie sie hören dürfen, bis sie das Stück im Dunkeln wiedererkennen würden. Wir machen die Tür auch noch auf, damit sie besser hören. Der schmutzige Schwall Klassik schwappt durch sämtliche Öffnungen des Hauses und ergießt sich über die Hänge ins Tal hinab. Es wird den Nachbarn sein, als stünden sie dicht daneben. Sie müssen nur den Mund aufmachen, schon fließt ihnen die warme Molke Chopins ins Maul. Und später noch der Brahms, dieser Musiker der Unbefriedigten, speziell der Frau.

Sie sammelt kurz alle Energie, spannt ihre Flügel an und wirft sich dann jäh vorwärts, den Tasten entgegen, die ihr zurasen wie die Erde bei einem Flugzeugabsturz. Jeden Ton, den sie nicht im ersten Anlauf erwischt, läßt sie einfach aus. Mit dieser subtilen Rache an ihren musikalisch ungebildeten Peinigerinnen, dem Auslassen von Tönen, verschafft sie sich einen winzigen Kitzel der Befriedigung. Ein ausgelassener Ton wird von keinem Laien wahrgenommen, doch ein falsch gespielter reißt die Sommerfrischler grob aus ihren Liegestühlen. Was kommt dort von der Höh? Jedes Jahr bezahlen sie der Bäuerin teuer die ländliche Stille, und nun dröhnt lautes Musikspiel vom Hügel.

Die beiden Giftmütter belauschen ihr Opfer, das sie schon fast ganz ausgesogen haben, diese Kreuzspinnen. In ihren Dirndlkleidern mit ihren blumigen Schürzen darüber. Selbst ihre Kleider schonen sie mehr als die Gefühle ihrer Gefangenen. Sie sonnen sich jetzt schon in ihren eigenen Prahlereien, wie bescheiden das Kind geblieben sein wird, obzwar es eine weltumspannende Karriere gemacht hat. Das Kind und Enkelkind wird vorläufig der Welt vorenthalten, damit es später einmal nicht mehr Mutti und Omi gehört, sondern dieser Welt im gesamten. Sie raten der Welt zur Geduld, das Kind wird ihr erst später anvertraut werden können.

Soviel Publikum hast du heute wieder! Schau nur, mindestens sieben Menschen in bunt gestreiften Strecksesseln. Es ist eine Bewährungsprobe. Doch als das Brahmsabasieren endlich beendet ist, was müssen sie hören? Es erschallt, gleichsam als unfeiner Nachklang auf das soeben Gehörte, ein brüllender Lachanfall aus den Kehlen dieser Sommerfrischlinge unten. Worüber lachen sie so geistlos? Haben sie keine Ehrfurcht? Mutter und Tochter schreiten, bewaffnet mit Milchkannen, in die Tiefe, um im Namen von Brahms einen Rachefeldzug wegen Lachens zu führen. Die Sommergäste beschweren sich bei dieser Gelegenheit über Lärm, der die Natur aufgestört hat. Die Mutter erwidert messerscharf, daß in Schuberts Sonaten mehr Friede des Waldes herrsche als im Frieden des Waldes selber. Nur verstehen sie es nicht.

WILHELM BUSCH

# *Gemartert*

Ein gutes Tier
Ist das Klavier,
Still, friedlich und bescheiden,
Und muß dabei
Doch vielerlei
Erdulden und erleiden.

Der Virtuos
Stürzt darauf los
Mit hochgesträubter Mähne.
Er öffnet ihm
Voll Ungestüm
Den Leib, gleich der Hyäne.

Und rasend wild,
Das Herz erfüllt
Von mörderlicher Freude,
Durchwühlt er dann,
Soweit er kann,
Des Opfers Eingeweide.

Wie es da schrie,
Das arme Vieh,
Und unter Angstgewimmer
Bald hoch, bald tief
Um Hilfe rief,
Vergeß' ich nie und nimmer.

ELIAS CANETTI

# *Der Dirigent*

Es gibt keinen anschaulicheren Ausdruck für Macht als die Tätigkeit des Dirigenten. Jede Einzelheit seines öffentlichen Verhaltens ist bezeichnend, was immer er tut, wirft Licht auf die Natur der Macht. Wer nichts über sie wüßte, könnte ihre Eigenschaften eine nach der anderen aus einer aufmerksamen Betrachtung des Dirigenten ableiten. Daß es nie geschehen ist, hat einen einleuchtenden Grund: Die Musik, die der Dirigent hervorruft, schien den Menschen die Hauptsache, und es galt als ausgemacht, daß man in Konzerte geht, um Symphonien zu hören. Der Dirigent selber ist davon am meisten überzeugt; sein Treiben, glaubt er, ist Dienst an der Musik und soll diese genau vermitteln, nichts sonst.

Der Dirigent hält sich für den ersten Diener an der Musik. Er ist von ihr so erfüllt, daß ihm der Gedanke an einen zweiten, außermusikalischen Sinn für seine Tätigkeit gar nicht kommen kann. Über die folgende Deutung wäre niemand mehr erstaunt als er.

Der Dirigent *steht.* Die Aufrichtung des Menschen als alte Erinnerung ist in vielen Darstellungen der Macht noch von Bedeutung. Er steht *allein.* Um ihn herum sitzt sein Orchester, hinter ihm sitzen die Zuhörer, es ist auffallend, daß er allein steht. Er steht *erhöht* und ist von vorn und im Rücken sichtbar. Vorne wirken seine Bewegungen aufs Orchester, nach rückwärts auf die Zuhörer. Die eigentlichen Anordnungen gibt er mit der Hand allein oder mit Hand und Stab. Diese oder jene Stimme weckt er plötzlich zum Leben durch eine ganz kleine Bewegung, und was immer er will, verstummt. So hat er Macht über Leben und Tod der Stimmen. Eine Stimme, die lange tot ist, kann auf seinen Befehl wiederauferstehen. Die Verschiedenheit der

Instrumente steht für die Verschiedenheit der Menschen. Das Orchester ist wie eine Versammlung all ihrer wichtigsten Typen. Ihre Bereitschaft zu gehorchen ermöglicht es dem Dirigenten, sie in eine Einheit zu verwandeln, die er dann allgemein sichtbar für sie vorstellt. (...)

Während des Spiels ist der Dirigent für die Menge im Saal ein Führer. Er steht an ihrer Spitze und hat ihnen den Rücken zugekehrt. Er ist es, dem man folgt, denn er tut den ersten Schritt. Aber statt mit dem Fuße holt er mit der Hand aus. Der Ablauf innerhalb der Musik, den die Hand bewirkt, steht für den Weg, den er mit den Beinen voranschreiten würde. Der Haufen im Saal wird durch ihn entführt. Während eines ganzen Werkes bekommen sie sein Gesicht nie zu sehen. Er ist unerbittlich, Rast ist nicht erlaubt. Sein Rücken steht immer vor ihnen, als wäre er das Ziel. Würde er sich einmal wenden, ein einziges Mal, der Bann wäre gebrochen. Der Weg, den wir gehen, wäre nicht mehr ein Weg, und sie säßen enttäuscht in einem unbewegten Saal. Aber man kann sich darauf verlassen, daß er sich nicht umwendet. Denn während sie ihm folgen, hat er vorne eine kleine Armee von Berufsspielern zu meistern. Auch hier hilft ihm die Hand, aber sie gibt nicht nur Schritte an, wie für die Leute hinten, sie erteilt Befehle.

Sein Blick, so intensiv wie möglich, erfaßt das ganze Orchester. Jedes Mitglied fühl sich von ihm gesehen, aber noch mehr von ihm gehört. Die Stimmen der Instrumente sind die Meinungen und Überzeugungen, auf die er schärfstens achtet. Er ist *allwissend,* denn während die Musiker nur ihre Stimmen vor sich liegen haben, hat er die vollständige Partitur im Kopf oder auf dem Pult. Es ist ihm genau bekannt, was jedem in jedem Augenblick erlaubt ist. Daß er auf alle zusammen achtet, gibt ihm das Ansehen der *Allgegenwärtigkeit.* Er ist sozusagen in jedermanns Kopf. Er weiß, was jeder machen soll, und er weiß auch, was jeder macht. Er, die lebende Sammlung der Gesetze, schaltet über beide Seiten der moralischen Welt. Er gibt an, was geschieht, durch das Gebot seiner Hand, und verhindert, was nicht geschehen soll. Sein Ohr sucht die Luft nach Verbotenem ab. Für das Orchester stellt der Dirigent so tatsächlich das ganze Werk vor, in seiner Gleichzeitigkeit und Aufeinanderfolge, und da während der Aufführung die Welt aus nichts anderem bestehen soll als aus dem Werk, ist er genau so lange der Herrscher der Welt.

CHRISTIAN MORGENSTERN

## *Die Geruchs-Orgel*

Palmström baut sich eine Geruchs-Orgel
und spielt drauf v. Korfs Nieswurz-Sonate.

Diese beginnt mit Alpenkräuter-Triolen
und erfreut durch eine Akazien-Arie.

Doch im Scherzo, plötzlich und unerwartet,
zwischen Tuberosen und Eukalyptus,

folgen die drei berühmten Nieswurz-Stellen,
welche der Sonate den Namen geben.

Palmström fällt bei diesen Ha-Cis-Synkopen
jedesmal beinahe vom Sessel, während

Korf daheim, am sicheren Schreibtisch sitzend,
Opus hinter Opus aufs Papier wirft…

# *Mit den Engeln um die Wette*

## Musik berührt die tiefsten Gefühle

HEINRICH HEINE

# *Auf Flügeln des Gesanges*

Auf Flügeln des Gesanges,
Herzliebchen, trag ich dich fort,
Fort nach den Fluren des Ganges,
Dort weiß ich den schönsten Ort.

Dort liegt ein rotblühender Garten
Im stillen Mondenschein;
Die Lotosblumen erwarten
Ihr trautes Schwesterlein.

Die Veilchen kichern und kosen,
Und schaun nach den Sternen empor;
Heimlich erzählen die Rosen
Sich duftende Märchen ins Ohr.

Es hüpfen herbei und lauschen
Die frommen, klugen Gazelln;
Und in der Ferne rauschen
Des heiligen Stromes Welln.

Dort wollen wir niedersinken
Unter dem Palmenbaum,
Und Liebe und Ruhe trinken,
Und träumen seligen Traum.

# *Süße Liebe denkt in Tönen*

*Süße Liebe denkt in Tönen,*
*Denn Gedanken stehn zu ferne,*
*Nur in Tönen mag sie gerne*
*Alles, was sie will, verschönen.*

Soll das Herz sich ganz ergießen,
Strömen lassen alle Triebe,
Muß es voll sein und genießen;
Aber was, so möcht ich schließen,
Macht das Herz so voll wie Liebe?
Tausend Harmonien entkeimen
Unserm Busen im geheimen
Durch die Gegenwart des Schönen:
Liebe spricht von selbst in Reimen,
*Süße Liebe denkt in Tönen.*

Liebe nimmt den Sinn gefangen,
Schafft Verdruß und wirkt Verblendung:
Wer im Busen hegt Verlangen,
Trachtet nur nach schönen Wangen,
Aber nicht nach Kunstvollendung.
Wem das Herz, von Liebeszwickeln
Eingepreßt, Begierden prickeln,
Dem erlischt des Geists Laterne;
Seufzer wird er bloß entwickeln,
*Denn Gedanken stehn zu ferne!*

Nein! Die Liebe wird gerade
Jeden Gegenstand verklären,
Wird den Pfad der Huld und Gnade
Wandeln, und auf diesem Pfade

Göttlichen Gesang gebären!
Kriechen mag sie nicht am Boden,
Nicht in steifen Perioden
Mag sie fliegen an die Sterne,
Nur in Liedern, nur in Oden,
*Nur in Tönen mag sie gerne!*

Sei's der Liebe zugegeben,
Daß sie hoch den Liebsten feiert;
Doch an ihm nur wird sie kleben,
Wird vergessen Welt und Leben,
Während sie von Liebe leiert:
Nein! Die freie Seele rette
Sich von jeder Sinnenkette,
Himmlisch wird sie dann ertönen,
Wird mit Engeln um die Wette
*Alles, was sie will, verschönen!*

JOSEPH ROTH

## Menuchims Lied

Eines Tages war der Krieg wirklich zu Ende. Das Viertel war leer. Die Menschen waren fortgegangen, die Friedensfeiern zu sehen und die Heimkehr der Regimenter. Viele hatten Mendel aufgetragen, auf die Häuser zu achten. Er ging von einer Wohnung zur andern, prüfte die Klinken und Schlösser und kehrte heim, in den Laden. Aus einer unermeßlichen Ferne glaubte er das festliche Gedröhn der freudigen Welt zu hören, das Knallen der Feuerwerke und das Gelächter Zehntausender Menschen. Ein kleiner stiller Friede kam über ihn. Seine Finger kraulten den Bart, seine Lippen verzogen sich zu einem Lächeln, ja sogar ein winziges Kichern kam in kurzen Stößen aus seiner Kehle. »Mendel wird sich auch ein Fest machen«, flüsterte er, und zum erstenmal ging er an einen der braunen Grammophonkästen. Er hatte schon gesehen, wie man das Instrument aufdrehte. »Eine Platte, eine Platte!« sagte er. Heute vormittag war ein heimgekehrter Soldat dagewesen und hatte ein halbes Dutzend Platten gebracht, neue Lieder aus Europa. Mendel packte die oberste aus, legte sie behutsam auf das Instrument, dachte eine Weile nach, um sich genau an die Hantierung zu erinnern, und setzte endlich die Nadel auf. Es räusperte sich der Apparat. Dann erklang das Lied. Es war Abend, Mendel stand im Finstern neben dem Grammophon und lauschte. Jeden Tag hatte er hier Lieder gehört, lustige und traurige, langsame und hurtige, dunkle und helle. Aber niemals war ein Lied wie dieses hier gewesen. Es rann wie ein kleines Wässerchen und murmelte sachte, wurde groß wie das Meer und rauschte. »Die ganze Welt höre ich jetzt«, dachte Mendel. Wie ist es möglich, daß die ganze Welt auf so einer kleinen Platte eingraviert ist? Als sich eine kleine silberne Flöte einmischte und von nun an die samtenen Geigen nicht mehr verließ und wie ein getreuer schmaler Saum umrandete, begann Mendel zum erstenmal seit langer Zeit zu weinen. Da war das Lied zu Ende. Er drehte es noch einmal auf und zum drittenmal. Er sang es schließlich mit seiner heiseren Stimme nach und trommelte mit zagen Fingern auf das Gestell des Kastens.

So traf ihn der heimkehrende Skowronnek. Er stellte das Grammophon ab und sagte: »Mendel, zünde die Lampe an! Was spielst du hier?« Mendel zündete die Lampe an. »Sieh nach, Skowronnek, wie das Liedchen heißt.« – »Das sind die neuen Platten«, sagte Skowronnek. »Heute habe ich sie gekauft. Das Lied heißt«, und Skowronnek setzte die Brille auf, hielt die Platte unter die Lampe und las: »Das Lied heißt: Menuchims Lied.«

Mendel wurde plötzlich schwach. Er mußte sich setzen. Er starrte auf die spiegelnde Platte in Skowronneks Händen.

»Ich weiß, woran du denkst«, sagte Skowronnek.

»Ja«, antwortete Mendel.

Skowronnek drehte noch einmal die Kurbel. »Ein schönes Lied«, sagte Skowronnek, legte den Kopf auf die linke Schulter und horchte. Allmählich füllte sich der Laden mit den verspäteten Nachbarn. Keiner sprach. Alle hörten das Lied und wiegten im Takt die Köpfe.

Und sie hörten es sechzehnmal, bis sie es auswendig konnten.

Mendel blieb allein im Laden. Er versperrte sorgfältig die Tür von innen, räumte das Schaufenster aus, begann sich auszuziehen. Jeden seiner Schritte begleitete das Lied. Während er einschlief, schien es ihm, daß sich die blaue und silberne Melodie mit dem kläglichen Wimmern verbinde, mit Menuchims, seines eigenen Menuchims, einzigem, längst nicht mehr gehörtem Lied.

REINER KUNZE

# *Einladung, Mozart zu hören*

Es regnet

Die Donau zieht im tal
und am himmel hin

Am himmel nur fehlen die schiffe

Unten halten sie den fahrplan ein
für ein paar durstige

Der regen sinkt in die seelen

Laß uns die angel auswerfen
nach oben

CARL ZUCKMAYER

# *Osterjubel in Köstendorf*

Wie stets, wenn man erwarten durfte, den Seelenbräu zu hören, war die Kirche zum Hochamt überfüllt. Die starke Sonne des Ostermorgens brach sich in den gemalten Scheiben und schüttete einen stäubenden Strudel vielfarbiger Prismen über die fahlen, abgetretenen Steinfließen aus. Die Flügel des Hochaltars waren mit frischen Blumen und Zweigen geschmückt. Auf der Frauenseite war ein schwarzer Glanz von den seidenen Haarschleifen und ein Geflimmer von den wenigen alten Goldhauben. Auf den Vorderbänken saßen die weißgekleideten kleinen Mädchen so dicht, daß es von oben aussah, als wäre ein Schnee gefallen. Die Männer und jüngeren Mägde standen bis zu der halbgeöffneten Türe hinaus, durch die der kräftige Wiesenhauch hereinwehte. Hinterm Glas des Chorsitzes verschwommen, war Matthias Hochleithners bärtiger Riesenschädel erschienen, der immer erst nach der Predigt auftauchte. Schon war die Heilige Wandlung vorüber, man hatte sich aus der tiefen Kniebeuge wieder aufgerichtet, der erste goldene Glockenschwall vom Kirchturm war verhallt, die erste feierliche Salve der Prangerschützen verdonnert, jetzt kam eine kurze Stille, in der nur die Priester- und Ministrantenstimmen murmelten, und viele Blicke richteten sich verstohlen zum Orgelchor hinauf. Als sich aber der Dechant, heute wie immer, nach einer raschen Verständigung mit Rosine Zipfer auf seinen Orgelsitz begab, um seinem eignen Solo zu präludieren, da legten sich plötzlich zwei kühle Hände rechts und links auf seine Wangen, und als er sich halberschrocken herumdrehte, schaute er in das lächelnde Gesicht der Clementin – und eh er sich auch für eine Sekunde überlegen konnte, was sie denn jetzt und hier zu suchen habe, da sie doch längst nicht mehr zum Kirchenchor gehörte, hatte sie ihm mit sanfter Raschheit die alten, vergilbten Noten vom Orgelbrett genommen und einen dicken, frischgebundenen Pack handgeschriebener Singstimmen in den Schoß gelegt, auf deren erster Seite in großen Goldbuchstaben gemalt war:

›Ihrem verehrten Meister – zu seinem kommenden Jubiläum – der Köstendorfer Kirchenchor.‹

Bevor er aber imstande war, die Worte zu entziffern, und überhaupt den Sinn der Störung zu begreifen, gewahrte er den Junglehrer Franz Haindl, in einem dunklen Anzug, mit blitzender Brille, mitten unter den Chorknaben – jetzt war die Clementin an ihren alten Platz auf der Mädchenseite getreten – auf ein Zeichen von ihr hob der Junglehrer die Hände – kaum hörbar hatte er den Buben, die Clementin den Mädchen den Einsatzton gegeben – und im strahlenden Ernst der frischen Stimmen erschallte es durch das tiefstille Kirchenschiff:

Singet dem Herrn ein neues Lied.
Lobet den Herrn in Seinem Heiligtum.
Lobet Ihn in der Feste seiner Macht.
Lobet Ihn in seinen Taten. Lobet Ihn in
Seiner großen Herrlichkeit.
Lobet Ihn mit Posaunen. Lobet Ihn mit
Psalter und Harfe.
Lobet Ihn mit Pauken und Reigen. Lobet Ihn
mit Saitenspiel und Pfeifen.
Lobet Ihn mit hellen Zimbeln, lobet Ihn mit
den wohlklingenden Zimbeln.
Alles, was Odem hat, lobe den Herrn.
Halleluja –

Es war der 150. Psalm, und die Musik war von Johann Sebastian Bach. Der Dechant aber wußte nicht, was es war. Durch sein einfältiges Gemüt ging für einen Herzschlag der Gedanke, daß er vielleicht gestorben sei – an der Orgel gestorben – und daß ihn der Himmel mit einem Engelschor empfange. Denn von Menschen – von Kindern – hatte er niemals Ähnliches gehört. Dann jedoch merkte er, daß er noch lebte. Denn eine Seele fühlt nicht den Zwang, sich zu schneuzen. Es war ein kaum widerstehlicher Zwang, er bekämpfte ihn tapfer, bis der letzte Ton verklungen war, obwohl es in seinen Augen biß und brannte, als habe er Zwiebeln geschält. Wie im Traum hatte er sich erhoben und schritt ganz langsam dem Hintergrund des Chores zu, wo jetzt der Franz Haindl und die Clementin in der Mitte seiner Kinder beisammenstanden – und während er zwischen ihnen hindurchging, berührte er mit einer fast segnenden Bewegung seiner beiden Hände ihre und seine Schulter.

»Schön war's«, flüsterte er, und das war alles, was er hervorbrachte. Dann ging er – immer noch wie ein Traumwandelnder – die gewundene Steintreppe hinunter und in die freie Luft hinaus. Ohne recht zu wissen, was er tat, bückte er sich zu einem ganz kleinen flachsköpfigen Kind herab, das vor dem Kircheneingang, wohl auf seine Mutter wartend, mit Steinchen spielte, und küßte es auf die Locken. – Drinnen standen und knieten die Köstendorfer wie von einem Zauber berührt. Kaum ein Atemhauch, kaum ein Räuspern war zu vernehmen. Nur ein einzelnes kurzes Schluchzen klang auf – und das kam aus der Ecke, wo allein im Pfeilerschatten die schwerleibige Kellnerin kauerte. Denn der Ammetsberger war abgereist.

Als das Ite und der Segen vorbei waren, ertönte vom Chor herab noch einmal – lauter, jauchzender, stärker das zeitliche Lob aller ewigen Schönheit, das Lob des Himmels und der Erde, das Lob der Schöpfung und der Geschöpfe, das große Lob der Musik.

Der Ostertag schwang wie eine blaue Fahne überm Kirchdach. Der Turmhahn blinkte, als wolle er in die Sonne springen. Tausend Lerchen jubelten in der Höhe.

HERMANN HESSE

# *Das Glasperlenspiel*

Musik des Weltalls und Musik der Meister
Sind wir bereit in Ehrfurcht anzuhören,
Zu reiner Feier die verehrten Geister
Begnadeter Zeiten zu beschwören.

Wir lassen vom Geheimnis uns erheben
Der magischen Formelschrift, in deren Bann
Das Uferlose, Stürmende, das Leben,
Zu klaren Gleichnissen gerann.

Sternbildern gleich ertönen sie kristallen,
In ihrem Dienst ward unserm Leben Sinn,
Und keiner kann aus ihren Kreisen fallen,
Als nach der heiligen Mitte hin.

# *Silentium*

Sie ist noch nicht, ist unentstanden,
Musik ist sie und Wort:
so lebt, verknüpft durch ihre Bande,
was west und atmet, fort.

Im Meer das Atmen, ruhig, immer,
das Licht durchwächst den Raum;
aus dem Gefäß, das bläulich schimmert,
steigt fliederblasser Schaum.

O könnt ich doch, mit meinem Munde,
solch erstes Schweigen sein,
ein Ton, kristallen, aus dem Grunde,
und so geboren: rein.

Bleib, Aphrodite, dieses Schäumen,
du Wort, geh, bleib Musik.
Des Herzens schäm dich, Herz, das seinem
Beginn und Grund entstieg.

# *Quellen*

FRANZ VON SCHOBER (1796–1882): Zit. nach: *Franz Schubert: Neue Ausgabe sämtlicher Werke. Bd. IV/4.* Verlag Bärenreiter, Kassel u. a. 1979, S. 108 f.

HERMANN HESSE (1877–1962): aus: *Musik. Betrachtungen, Gedichte, Rezensionen und Briefe.* Mit einem Essay von Hermann Kasack hrsg. von Volker Michels. © Suhrkamp Verlag, Frankfurt a. M. 1986, S. 32 f.

INGEBORG BACHMANN (1926–1973): *Werke. Bd. 1.* Hrsg. von Christine Koschel, Inge von Weidenbaum u. Clemens Münster. © Piper Verlag, München 1978, S. 32.

MARGRIET DE MOOR (geb. 1941): *Der Virtuose.* Aus dem Niederländischen von Helga von Beuningen © 1994 Carl Hanser Verlag, München – Wien 1994 (zit. nach dtv-TB, S. 26–29).

PETER ALTENBERG (1859–1919): *Ausgewählte Werke. Bd. 1.* Hrsg. von Dietrich Simon. Verlag Hanser, München 1979, S. 204.

FRIEDRICH RÜCKERT (1788–1866): *Gedichte.* Hrsg. von Walter Schmitz. Verlag Philipp Reclam, Stuttgart 1988, S. 182.

JOHANN WOLFGANG VON GOETHE (1749–1832): *Die Leiden des jungen Werther.* (Zit. nach Insel-TB 25, S. 33 f.)

WILHELM HEINRICH WACKENRODER (1773–1798): *Sämtliche Werke und Briefe. Bd. 1.* Hrsg. von Silvio Vietta. Carl Winter Universitätsverlag, Heidelberg 1991, S. 139 u. 142.

RAINER MARIA RILKE (1875–1926): *Die Gedichte.* Insel Verlag, Frankfurt a. M. 1986, S. 1048 f.

LEO TOLSTOI (1828–1910): *Die Kreutzersonate.* © Patmos Verlag GmbH & Co. KG, Artemis und Winkler Verlag, Düsseldorf und Zürich.

JOSEPH VON EICHENDORFF (1788–1857): *Sämtliche Werke. Bd. I/1: Gedichte.* Hrsg. von Harry Fröhlich und Ursula Regener. Verlag W. Kohlhammer, Stuttgart u. a. 1993, S. 121.

GÜNTER GRASS (geb. 1927): *Das Treffen in Telgte. Eine Erzählung und dreiundvierzig Gedichte aus dem Barock.* © Steidl Verlag, Göttingen 1993 (zit. nach dtv-TB, S. 92–95).

STEFAN ZWEIG (1881–1942): aus: *Georg Friedrich Händels Auferstehung.* In: ders., *Sternstunden der Menschheit. Zwölf historische Miniaturen.* © Bermann-Fischer Verlag A. B., Stockholm, 1943 (zit. nach Fischer-TB, S. 55–59).

MARTIN STADE (geb. 1931): *Der junge Bach.* © 1985 Hoffmann und Campe Verlag, Hamburg, S. 336 f.

EDUARD MÖRIKE (1804–1875): *Mozart auf der Reise nach Prag.* Verlag Philipp Reclam, Stuttgart 1967, S. 27–30.

KLAUS MANN (1906–1949): *Symphonie Pathétique.*
© Rowohlt Verlag GmbH, Reinbek.

CHRISTOPH MARTIN WIELAND (1733–1813): *An Haydn.* Zit. nach Georg Feder: Joseph Haydn. Die Schöpfung. Verlag Bärenreiter, Kassel u. a., S. 181 f.

RICHARD WAGNER (1813–1883): *Sämtliche Schriften und Dichtungen. Bd. 1. Eine Pilgerfahrt zu Beethoven.* Verlag Breitkopf & Härtel, Leipzig 1912, S. 110 f.

PETER HÄRTLING (geb. 1933): *Schubert. Zwölf Moments musicaux und ein Roman.*
© Verlag Kiepenheuer & Witsch, Köln 1995 (zit. nach dtv-TB, S. 134 f.).

GOTTFRIED BENN (1886–1956): *Sämtliche Gedichte.* Klett-Cotta, Stuttgart 1986 (zit. nach Fischer-TB, S. 474).

FRANZ GRILLPARZER (1791–1872): *Sämtliche Werke, Bd. 2.* Hrsg. von August Sauer. Verlag der Cotta'schen Buchhandlung, Stuttgart o. J., S. 67.

JOSEPH VON EICHENDORFF (1788–1857): *Aus dem Leben eines Taugenichts.* Insel Verlag, Frankfurt a. M. 1976, S. 47–50.

THOMAS MANN (1875–1955): aus: *Doktor Faustus.* © Bermann-Fischer Verlag, Stockholm 1947, S. 57–60.

ELSE LASKER-SCHÜLER (1869–1945): aus: *Gesammelte Werke, Band 1: Gedichte 1902–1943.* © Suhrkamp Verlag, Frankfurt a. M. 1996, S. 284 f.

MARIE LUISE KASCHNITZ (1901–1974): *Gesammelte Werke in sechs Bänden. Bd. 5: Die Gedichte.* Hrsg. von Christian Büttrich und Norbert Miller.
© Suhrkamp Verlag, Frankfurt a. M. 1985, S. 629.

PATRICK SUESSKIND: *Der Kontrabaß.* © 1984 Diogenes Verlag AG, Zürich 1995, S. 9–11; 33–35 (TB-Ausgabe).

LUDWIG TIECK (1773–1853): *Schriften. Bd. 7: Gedichte.* Hrsg. von Ruprecht Wimmer. Deutscher Klassiker Verlag, Frankfurt a. M. 1995, S. 111 f.

ROBERT SCHNEIDER (geb. 1961): *Schlafes Bruder.* © Verlag Reclam, Leipzig 1992, 1994, S. 173 f.; 179 f. (TB-Ausgabe).

ITALO SVEVO (1861–1928): *Zeno Cosini.* Copyright der deutschen Übersetzung von Piero Rismondo. © Rowohlt Verlag GmbH, Hamburg 1959, S. 180–182 (TB-Ausgabe).

ROBERT WALSER (1878–1956): aus: *Das Gesamtwerk.* © Suhrkamp Verlag, Zürich/Frankfurt a. M. 1978, S. 9. Abdruck mit Genehmigung der Inhaberin der Rechte, der Carl Seelig-Stiftung, Zürich.

NOVALIS (1772–1801): *Schriften. Bd. 1.* Hrsg. von Paul Kluckhohn und Richard Sammel. Kohlhammer Verlag, Stuttgart.

CLEMENS BRENTANO (1778–1842): *Werke, Bd. 1.* Hrsg. von Wolfgang Frühwald, Bernhard Gajek und Friedhelm Kemp. Wissenschaftliche Buchgesellschaft, Darmstadt 1968, S. 144 f.

JORIS-KARL HUYSMANS (1848–1907): *Gegen den Strich.* Aus dem Französischen von Brigitta Restorff. Mit einem Nachwort von Ulla Momm. © Manholt Verlag, Bremen 1991 (zit. nach dtv-TB, S. 61–63).

MARCEL PROUST (1871–1922): *Freuden und Tage und andere Erzählungen und Skizzen aus den Jahren 1892–1896.* Aus dem Französischen von Luzius Keller. Suhrkamp Verlag, Frankfurt a. M. 1988, S. 166–168.

HERMANN BURGER (1942–1989): aus: *Der Orchesterdiener.* In: ders., *Diabelli.* © S. Fischer Verlag GmbH, Frankfurt a. M. 1979, S. 17–19.

ALFRED BRENDEL (geb. 1931): *Fingerzeig. 45 Texte.* © Carl Hanser Verlag, München und Wien 1996, S. 52 f.

ELFRIEDE JELINEK (geb. 1946): *Die Klavierspielerin. Roman.* © 1983 Rowohlt Verlag GmbH, Reinbek (zit. nach Rowohlt-TB, S. 39–41).

WILHELM BUSCH (1832–1908): *Sämtliche Werke. Bd. 6.* Hrsg. von Otto Nöldeke. Verlag Braun & Schneider, München 1943, S. 305.

ELIAS CANETTI (1905–1993): *Masse und Macht.* © Claassen Verlag, Düsseldorf 1960 (zit. nach Fischer-TB, S. 442–444).

CHRISTIAN MORGENSTERN (1871–1914): *Gesammelte Werke in einem Band.* Piper Verlag, München 1965, S. 251.

HEINRICH HEINE (1797–1856): *Sämtliche Gedichte.* Hrsg. von Bernd Kortländer. Verlag Philipp Reclam, Stuttgart 1990, S. 83 f.

AUGUST VON PLATEN (1796–1835): *Werke. Bd. I: Lyrik.* Winkler Verlag, München 1982, S. 291 f.

JOSEPH ROTH (1894–1939): *Hiob. Roman eines einfachen Mannes.* © Verlage Allert de Lange (Amsterdam) und Kiepenheuer & Witsch (Köln) 1974 (zit. nach der TB-Ausgabe, S. 178–180).

REINER KUNZE (geb. 1933): aus: *auf eigene hoffnung. gedichte.* © S. Fischer Verlag GmbH, Frankfurt a. M. 1981, S. 28.

CARL ZUCKMAYER (1896–1977): aus: *Der Seelenbräu. Erzählung.* © S. Fischer Verlag GmbH, Berlin und Frankfurt a. M. 1951 (zit. nach Fischer-TB, S. 150–154).

HERMANN HESSE (1877–1962): *Das Glasperlenspiel. Versuch einer Lebensbeschreibung des Magisters Ludi Josef Knecht samt Knechts hinterlassenen Schriften.* © Suhrkamp Verlag, Frankfurt a. M. 1971 (zit. nach Suhrkamp-TB, S. 484).

OSIP MANDEL'STAM (1891–1938): *Silentium.* Aus: *Gedichte.* Aus dem Russischen von Paul Celan. © S. Fischer Verlag GmbH, Frankfurt a. M. 1959, S. 13.